ANNIKA STAHL

Straubinger Geheimnisse

SPANNENDES AUS STRAUBING UND UMGEBUNG
MIT KENNERN DER STADTGESCHICHTE

MEDIENGRUPPE Attenkofer

Straubinger Tagblatt

Stahl, Annika
Straubinger Geheimnisse – Spannendes aus
Straubing und Umgebung – mit Kennern der Stadtgeschichte

STRAUBINGER TAGBLATT in Kooperation mit:
Bast Medien GmbH, St.-Ulrich-Str. 11, 88662 Überlingen
(verantwortlich)
1. Auflage 2022
ISBN: 978-3-946581-84-0

Lektorat: Lena Bast
Covergestaltung: Melanie Kunze
Layout: Homebase - Kommunikation & Design, Melanie Kunze
Satz: Melanie Kunze
Druck: Mohn Media Mohndruck GmbH, Gütersloh

Ein Titel der preisgekrönten Reihe *Geheimnisse der Heimat*

Inhalt

Vorwort

Wie oft sind Sie schon in Straubing durch die Innenstadt flaniert und über die Steinergasse zum Stadtturm geschlendert? Wie oft gehen Sie in die Kirchen unserer Gemeinden oder spazieren entlang der Donau und im Bayerischen Wald? Oft genug, so scheint es, dass Hausfassaden, Dorfplätze und Wegkreuzungen nur noch zu einem Schatten im Blickfeld werden. So kommt es, dass wir täglich Spuren aus der Vergangenheit begegnen, ohne sie wahrzunehmen oder uns zu fragen, welche Geschichte sich dahinter verbirgt. Selbst wenn Sie vielleicht kurz innehalten und auf ein interessantes Objekt aufmerksam werden, passiert doch immer wieder dasselbe: Die Ampel wird grün, ein Bekannter kommt um die Ecke oder die Gedanken des Alltags werden wieder laut – und das Relikt und sein Geheimnis sind längst wieder vergessen.

Hier kommt die Autorin Dr. Annika Stahl ins Spiel. Denn sie hat einen entscheidenden Vorteil: Sie bewegt sich mit frischem Blick, geschultem Auge und ohne Gedanken des Alltags durch die Straßen und Gassen, fährt durch die Gemeinden und erkundet die Ortschaften. So wundert sie sich über die weißen Flecken auf dem Straßenpflaster in der Steinergasse und die Steinmetzzeichen im Durchgang des Stadtturms, fragt sich, was es mit den Symbolen und Inschriften an Kirchen auf sich hat und welche Geschichten sich hinter den Wegkreuzen entlang der Felder und Äcker verbergen. Auf ihrer Suche nach Geheimnissen haben der Archäologin viele Ortskundige geholfen, von der Stadtarchivarin bis hin zum geschichtsinteressierten Nachbarn. Sie zeigten ihr erdgeschichtliche Relikte, antike Objekte und Zeugnisse bedeutender Epochen oder teilten Geschichten aus der Heimat, die vielerorts in Vergessenheit geraten sind. Um die Hintergründe vollständig aufzudecken, hat die Autorin Bücher gewälzt, Historikerinnen und Historiker befragt und vom umfangreichen Wissen der Heimatliebenden profitiert.

Sie, liebe Leserin, lieber Leser, werden Freude mit diesem Buch haben, wenn Sie Ihr Straubing und den Landkreis Straubing-Bogen mit ganz anderen Augen sehen wollen. Verstehen Sie die historischen Zusammenhänge, lesen Sie spannende Anekdoten und lernen Sie die Liebhaber unserer Heimatgeschichte kennen. Und falls Sie nur zu Besuch sind oder in der Gegend Urlaub machen, dann erfahren Sie in 50 kurzweiligen Geschichten mehr über die schöne Stadt Straubing und den malerischen Landkreis Straubing-Bogen.

Mit freundlichen Grüßen

Markus Pannermayr
Oberbürgermeister

Die Autorin

Dr. Annika Stahl, 1987 im schwäbischen Aalen geboren, studierte in Heidelberg und Frankfurt verschiedene archäologische Disziplinen. Nach zahlreichen Ausgrabungen in Nigeria promovierte sie 2019 im Fach Vor- und Frühgeschichte über die Bestattungssitten der *Nok-Kultur* des ersten vorchristlichen Jahrtausends. Während ihrer langjährigen Beschäftigung als wissenschaftliche Mitarbeiterin an der Goethe-Universität in Frankfurt konnte Annika Stahl beruflich wie privat ihrer Sehnsucht nach fernen Orten und fremden Kulturen nachgehen und dabei gleichzeitig ihren Wissensdurst stillen: von den Türmen des Schweigens der Zoroastrier im iranischen Yazd über antike Handelsrouten im Oman bis zu paläolithischen Höhlenfundstellen im südlichen Afrika. Doch der Wunsch, das gesammelte Wissen über die faszinierende Reise der Menschheit zu teilen, veranlasste die Archäologin, sich ihrer zweiten Leidenschaft – dem Schreiben – zu widmen. Als freiberufliche Autorin macht sie es sich seitdem zur Aufgabe, zwischen Wissenschaft und Leserschaft zu vermitteln und historische Fakten in „bekömmliche Happen“ zu verwandeln. Für das vorliegende Buch hat sie sich in der Stadt und dem Landkreis Straubing-Bogen auf die Suche nach Spuren aus der Vergangenheit gemacht.

Weinreben

Trinkgenuss in der Ratsstube

Prosit! Bayern gilt gemeinhin als Land des Bieres. In keinem anderen Bundesland hat der goldgelbe Gerstensaft eine so lange Tradition und spielt eine so große kulturelle Rolle. Und zwar sowohl im Alltag als auch bei Festen. Umso erstaunlicher, dass im späten Mittelalter in Altbayern, also in Ober- und Niederbayern sowie der Oberpfalz, Wein – und nicht Bier – das Volksgetränk Nummer 1 war!

Was aber hat das mit dem Stadtturm zu tun? Werner Schäfer, dritter Bürgermeister der Stadt Straubing, weiß darauf Antwort. Denn der Heimatforscher kennt sich mit der Geschichte des prominenten Wahrzeichens der Stadt sehr gut aus. Er stellt sich vor die Türe auf der Nordseite der Anlage. „Hier war der Eingang zur Ratsstube", sagt er und deutet auf das von spitzen Säulen gerahmte Kielbogenportal. „Der Bau des Turmes begann 1316 zum Schutz gegen Feinde und Feuer. Zunächst fungierte er sehr wahrscheinlich aber auch als Rathaus", so der Straubinger. Zumindest für eine kurze Zeit, denn 1382, als Handelsleute das Eckhaus direkt gegenüber des Stadtturms verkauften, zog der Rat in das heutige Rathaus.

Im Laufe des 15. und 16. Jahrhunderts entstanden einige Anbauten am Stadtturm und beherbergten unter anderem das Brothaus und, wie heute auch noch, einige Ladengeschäfte. Im ersten Stock befand sich ein Theatersaal – und die Ratsstube. „Dort wurden aber keine Akten gewälzt", fährt Werner Schäfer fort, „sondern ein feines Tröpfchen getrunken." Dabei lenkt er den Blick auf die spätgotischen Verzierungen am Eingangsportal: „Die Weintrauben und Reben über der Tür deuten schon darauf hin, dass es hier einst zur Ratstrinkstube ging." In dem früher mit Deckengemälden geschmückten Saal im ersten Stock versammelte sich der „Rat" der Stadt, bestehend aus angesehenen Kaufleuten und Handwerksmeistern, um sich bei Speis und Trank nach ihren Sitzungen zu erholen. Dieser Rat hatte sich vermut-

Werner Schäfer steht unter dem großen Portal am Stadtturm, das einst der Eingang zur Ratsstube im ersten Stock war.

lich bis zum Ende des 13. Jahrhunderts herausgebildet. Wer weiß, welche Pläne dort bei einem feinen Gläschen geschmiedet wurden?

Sicher ist, dass die Bürger schon damals guten Wein schätzten. In Straubing und Umgebung reicht nicht nur der Genuss, sondern auch der Anbau von Wein weit zurück, möglicherweise bis in die Römerzeit. Während hierzulande im Winter die Temperaturen unter die Nullgradmarke fallen und die Tage genauso kurz wie trübe sind, träumte sicherlich der ein oder andere hier stationierte römische Legionär – womöglich aus dem südlichen Italien – von milden Temperaturen, türkisblauem Meer und wohlbekannten Speisen und Getränken. Kein Wunder also, dass Kaiser Probus (232-282 n. Chr.) während seiner Regentschaft den Weinanbau in den römischen Provinzen förderte. Der Geschichtsschreiber Plinius der Ältere (23/24-79 n. Chr.) notierte bereits im 1. Jahrhundert n. Chr., dass für den Weinanbau in rauerem Klima sogar Neuzüchtungen entwickelt worden seien. Doch handfeste Beweise für den Weinanbau um Straubing, so schreibt Theodor Häußler in dem Buch *Weinbau in Altbayern*, gibt es erst im frühen Mittelalter. Frühe Quellen belegen, dass Herzog Odilo (vor 700-748 n. Chr.), als er das Kloster Niederaltaich gründete, dieses mit den Weinbergen aus seinem Besitz am Bogenberg ausstattete. Das Güterverzeichnis des Klosters wies wenige Jahre später bereits einen stattlichen Weinbesitz auf, darunter auch Flächen in Irlbach sowie vermutlich nördlich der Donau.

Die Fenstergewände im ersten Stock schmücken Rankenwerk und kleine Köpfchen.

Die Blütezeit des Weinanbaus in Altbayern beginnt jedoch im späten Mittelalter, ab dem 13. Jahrhundert. Zahlreiche Urkunden belegen, dass auf vielen warmen Südhängen in ganz Altbayern Reben standen: in sogenannter Streulage, also überall dort, wo es günstige Bedingungen gab. Der verstärkte Anbau von Weinreben lag einerseits an dem wiederkehrenden Verbot, Bier zu brauen, das beispielsweise König Ludwig der Bayer (1282/1286-1347) im Jahr 1317 wegen Missernten erlassen hatte. Brotgetreide war damals schlichtweg wichtiger als Braugetreide – und schließlich gab es ja noch Wein zum Trinken. Andererseits erreichten durch den verstärkten Fernhandel vermehrt fremde Weine das Land. Das schulte zunehmend den Gaumen der Bevölkerung. Wer es sich zu der Zeit leisten konnte, bevorzugte den importierten Wein gegenüber dem einheimischen Tröpfchen. Denn die Weine aus der Heimat schmeckten vorwiegend säuerlich, größtenteils dem Klima und den Böden geschuldet. Angebaut wurde trotzdem in großer Menge. Die Landtafeln des Philipp Apian (1531-1589), der Bayern kartografisch erfasste, belegen 1568 um Pfaffenmünster und zwischen Bogen und Niederwinkling den Anbau von Weinreben.

Um die geschmacklichen Defizite zu beheben, machten sich vielerorts Panscher am Wein zu schaffen. Der Obst- und Weinkenner Gottfried von Franken schildert im 14. Jahrhundert die Tricks der Tavernenbesitzer. Beispielsweise boten sie Kunden, die nach einer Kostprobe verlangten, zunächst Nüsse und alten salzigen Käse an. So schmeckte der Wein anschließend süßer. Erfahrene Weinkenner rieten deshalb dazu, zum Trinken nur in Wasser getränktes Brot zu essen. Getrickst wurde außerdem mit Honig, um den Wein zu versüßen, Maulbeeren oder Kirschen dienten zum Rotfärben und mit Safran ließ sich Weißwein aufhübschen. Eine weitere beliebte Taktik war es, Wein mit Wasser zu strecken. Viele Stadträte verboten in ihren Städten daher einige der Panschereien – kein Wunder, schätzten sie doch sicherlich selbst einen guten Wein, so bestimmt auch die Mitglieder des Straubinger Rats. „Dort oben", sagt Schäfer und deutet vom Eingangsportal hinauf zum ersten Stock, „sind die Fenster der Ratsstube." Stand im Fenster ein vergoldeter hölzerner Becher als Zeichen der Verabredung, war es an der Zeit für ein gemeinsames Treffen in der Ratsstube. „Die kunstvolle Gestaltung der Fenstergewände mit Ran-

„Die kunstvolle Gestaltung der Fenstergewände mit Rankenwerk und Köpfchen unterstreicht die besondere Stellung innerhalb des Stadtturmensembles."

kenwerk und Köpfchen unterstreicht die besondere Stellung innerhalb des Stadtturmensembles. So zeigt die Ratsstube als Symbol des Rates und der Bürgerschaft eine noch immer enge Verbindung mit dem Stadtrat im neuen Rathaus“, erklärt der Politiker. Auch wenn die Stube nur den Stadträten – reichen bürgerlichen Kaufleuten und Handwerksmeistern – vorbehalten war, so kamen doch alle Bürger und Bürgerinnen in den Genuss des edlen Tropfens. Wein ist im späten Mittelalter Hauptgetränk für alle Bevölkerungsschichten, und gemeinsam mit Bier ist er fester Bestandteil der täglichen Ernährung. „Im Übrigen galt im Mittelalter der Weingenuss bei uns als höherwertig gegenüber dem Bier“, merkt Schäfer an.

Die spätgotischen Verzierungen bestehen aus Weinreben, die auf beiden Seiten in groteske Fratzen münden.

Doch wie kam es, dass Bayern heute Bierland und nicht Weinland ist? Mit Anbruch der Neuzeit, um 1600, begann der Niedergang des Weinanbaus in Altbayern. Als entscheidender Faktor wird oft die „Kleine Eiszeit” herangezogen, die – je nach Region – vom 15. bis ins 19. Jahrhundert andauerte. In Altbayern litt der Weinanbau insbesondere von 1553 bis 1628 unter einer Kältephase. Missernten zwangen die Bevölkerung, verstärkt Bier zu brauen. Aber das Klima war nicht das einzige Problem: Der Dreißigjährige Krieg (1618-1648) führte ebenfalls zu einem starken Rückgang des Weinanbaus. In vielen Gegenden blühte er nach Ende des Krieges zwar wieder auf, jedoch nicht in Altbayern.

Das veränderte Klima sowie die Kriege und Steuern in Kombination mit der gestiegenen Nachfrage im Barock machten Wein zum Luxusprodukt, das ausschließlich in besseren Kreisen getrunken wurde. Am Bogenberg endete die Geschichte des Weins im 18. Jahrhundert. Zu der Zeit waren fast alle Weinberge verödet und mit schlechtem Holz bestockt. Mit einer Ausnahme im Jahr 1811: Es herrschten außerordentlich gute Witterungsverhältnisse und die Ernte war nicht nur am Bogenberg exzellent. Das Jahr blieb auch deswegen in Erinnerung, weil „C/1811 F1", ein großer Komet, so nah an der Erde vorbeiflog, dass er mit bloßem Auge sichtbar war. Die „Kometenweine" des Jahres 1811 galten als die besten des Jahrhunderts. Wenige Jahrzehnte später kam das endgültige Aus für den Weinanbau am Bogenberg.

„Im Übrigen galt im Mittelalter der Weingenuss bei uns als höherwertig gegenüber dem Bier."

Glücklicherweise wächst Wein aber auch anderswo, und Straubing ist heute gut versorgt. „Ich selbst trinke auch gerne Wein, aber nur trockenen. Früher fast nur italienische Weine, zwischenzeitlich auch den einen oder anderen deutschen Weißwein", sagt Werner Schäfer. Und wem Wein nicht schmeckt, der findet in Straubing hervorragendes Bier. Na dann, Prost!

So geht's zu den Weinreben:

Das spätgotische Portal befindet sich auf der Nordseite des Stadtturms, gegenüber der Simon-Höller-Straße.

Bernhard Hartl zeigt auf die Einschusslöcher in der Figur.

02

Einschusslöcher

Angriffsspuren der Tiefflieger

Die Frau scheint einsam zu sein. Erschöpft. So, als habe sie schwere körperliche Arbeit geleistet oder schlimmes Leid erdulden müssen. Sehr lebensecht wirkt die Gestalt auf dem Friedhof, auch wenn natürlich aus der Nähe sofort deutlich wird, dass es sich nicht um einen Menschen, sondern um eine Bronzefigur handelt. Aus der Ferne jedoch, aus einem Flugzeug, ist das nicht zu erkennen. Und genau das ist vermutlich der Grund dafür, warum sich in der Figur zahlreiche kleine Löcher befinden. „Das sind Einschusslöcher", stellt Bernhard Hartl klar. Der geschichtsinteressierte Straubinger kennt sich auf dem Friedhof aus wie in seiner Westentasche und hat selbstredend auch eine Erklärung dafür, wie jemand auf die Idee kommen könnte, auf eine Skulptur zu schießen.

Es ist die letzte Phase des Zweiten Weltkriegs, wenige Wochen vor der offiziellen Kapitulation der letzten Einheiten in Berlin und der Befreiung durch die Alliierten. In diesen Tagen, zwischen dem 20. und 22. April 1945, fliegen Tiefflieger über Straubing und schießen auf alles, was menschlich aussieht. In der Bevölkerung herrscht Panik, denn erst wenige Tage zuvor, am 18. April, ist die Stadt bereits bombardiert worden. „Straubing erlebte mehrere Luftangriffe seit 1941“, erklärt Hartl, „aber am 18. April fand hier die weitaus verheerendste Attacke im Verlauf des Zweiten Weltkriegs statt.“

Über den gesamten Rücken der trauernden Figur ziehen sich Spuren des Tieffliegerangriffs.

An diesem 18. April sind die 174 ausgerüsteten B-17-Bomber der Amerikaner und die 99 Jagdflugzeuge als Begleitschutz eigentlich auf dem Weg nach Budweis, so berichtet Helmut Erwert in dem Buch *Die Stadt Straubing in schwerster Notzeit*. Doch unterwegs erreicht sie die Meldung über eine Schlechtwetterlage, weshalb sie abdrehen und ihr sekundäres Ziel ansteuern: Straubing. In weniger als einer Stunde fallen insgesamt 466 Tonnen Spreng- und Brandbomben zu Boden und zerstören den Rangierbahnhof und seine Einrichtungen. Die blutige Bilanz nach dem verheerenden Angriff: 310 Menschen verbluten oder ersticken an diesem Tag. Mindestens 600 Einschläge treffen Wohn- und Geschäftsviertel und zerstören etwa ein Drittel der Bausubstanz der Stadt. Auch die Friedhofskirche St. Michael aus dem Jahr 1375 ist komplett zerstört. Die zahlreichen Toten werden auf dem Friedhof in Massengräbern bestattet. Nur die auf den Grabsteinen eingravierten Namen erinnern heute noch an die vielen Schicksale – darunter ein Vater, gestorben und begraben samt seinen sieben Kindern. Auch in anderen bayerischen Städten lassen an jenem Tag viele Hunderte Menschen ihr Leben, zum Beispiel in Traunstein,

Freising und Passau. Dem „schwärzesten Mittwoch Straubings“ folgt Panik in der Stadt. Plakate fordern Mütter mit ihren Kindern auf, die Stadt zu verlassen.

„Nach dem schweren Angriff am 18. April flogen wenige Tage später noch Tiefflieger der Alliierten über die Stadt“, fährt der Landschaftsbauer fort. „Meine Eltern sind damals, als die Tiefflieger kamen, mit einem Notfallkoffer in Richtung Donau geflüchtet und haben Schutz gesucht“, erinnert er sich, „sie haben dort in der Nähe gewohnt.“ Doch nicht alle hatten bei dem Angriff der Tiefflieger zwischen dem 20. und 22. April Glück. „Die Einschusslöcher stammen von diesen Tieffliegern“, sagt Hartl und tippt auf die vielen Löcher in der Skulptur. „Der Pilot dachte wohl, dass sich jemand auf dem Friedhof verstecken wollte, und hat die gebückte Trauerfigur mit einem Menschen verwechselt.“ In einigen Löchern könnten noch Projektile stecken, vermutet Hartl. In den beiden Gräberreihen vor der Figur finden sich Stellen, an denen der Stein abgeplatzt ist – ebenfalls entstanden durch Einschusslöcher. „Durch die Lage der Löcher an den Grabmalen kann man sogar die einstige Flugbahn rekonstruieren“, sagt der Geschichtsinteressierte. In langsamen Schritten läuft er zwischen den Gräbern hindurch. „Krieg ist immer brutal“, sagt er nüchtern, „auch heute, sei es Irak, Afghanistan, Syrien oder in der Ukraine. Krieg ist immer brutal.“

„Der Pilot dachte wohl, dass sich jemand auf dem Friedhof verstecken wollte, und hat die gebückte Trauerfigur mit einem Menschen verwechselt.“

So geht’s zu den Einschusslöchern:

Die Skulptur befindet sich im vorletzten Quadranten linksseitig des Hauptwegs, der vom Eingangstor in den Friedhof führt.

Als ehrenamtliche Mitarbeiterin des Heimatarchivs Steinach kennt Claudia Heigl den Hintergrund der beiden Steinkreuze in Münster.

03

Steinkreuze

Ein Verbrechen, das den Kopf kostet

Hat sich auf der „Höherl", der kleinen Anhöhe entlang des alten Kirchwegs von Thalstetten nach Münster, vor langer Zeit etwa ein grausames Verbrechen zugetragen, dort, wo zwei Steinkreuze ein großes hölzernes Kreuz flankieren? Denn anders als bei einem Holzkreuz, das meist wichtige Wegkreuzungen oder alte Grenzverläufe markierte (siehe Geheimnis Flurkreuz), verhält es sich mit den Steinkreuzen: „Im Volksmund sind sie als Sühnekreuz bekannt", erklärt Claudia Heigl, „als Mahnmal für begangene Verbrechen."

Zwar hieß es eine Zeit lang, dass es sich bei den Steinkreuzen um „Hussitenkreuze" handle, also um Grabmäler für die im 15. Jahrhundert aus Böhmen einfallenden Hussiten. Das widerlegte aber bereits 1980 eine Forschergruppe, die bei der Ausgrabung der Steinkreuze weder sterbliche Überreste noch andere Hinterlassenschaften fand, die auf Gräber hindeuten. „Was sie aber stattdessen entdeckten", enthüllt die Mitbegründerin des Archivs für Heimatgeschichte in Steinach, „waren Symbole auf den Kreuzen." Auf dem rechten Stein war ein etwa 30 Zentimeter hoher Krug abgebildet, auf dem linken Exemplar ein 50 Zentimeter langes Schwert, dessen Knauf sich am oberen Ende des Kreuzes befand. „Dank der Dokumentation der Ausgrabung liegen diese Informationen vor", fährt sie fort, „denn heute hat sich wegen der Witterung und des Pflanzenwachstums nichts mehr davon erhalten."

„Was sie aber stattdessen entdeckten, waren Symbole auf den Kreuzen."

Liefern die Symbole – insbesondere das Schwert – Indizien dafür, dass es sich bei den Steinkreuzen um Sühnekreuze handelt? Die Heimatforscherin erklärt, was damit überhaupt gemeint ist: „Mittelalterliche Sühnekreuze sind Teil einer Tradition, die insbesondere für die Zeit vom 14. bis ins 16. Jahrhundert nachgewiesen ist. Der Hintergrund war, dass sich im Mittelalter bei Totschlag nur dann die Obrigkeit unmittelbar einschaltete, wenn der Täter auf ‚handhafter Tat' erwischt wurde. Das heißt, der Beschuldigte musste dem Richter gemeinsam mit glaubwürdigen Tatzeugen vorgeführt werden. Gelang dem Täter aber beispielsweise die Flucht, so regelten die betroffenen Familien die Angelegenheit unter sich, indem sie mithilfe einer Obrigkeit Sühneverträge zur Wiedergutmachung schlossen." Diese konnten Predigten und Wallfahrten im Namen des Opfers oder Ausgleichszahlungen sein – und am Tatort sollten Sühnekreuze an das Verbrechen erinnern. Trug sich hier also womöglich ein Verbrechen zu?

Dies verneint die Geschichtsinteressierte. Denn der Arbeitskreis des Heimatarchivs fand bei einer seiner Recherchen einen entscheidenden Hinweis zur Klärung dieser Frage. Die ehrenamtliche Mitarbeiterin Cornelia Landstorfer entdeckte ein altes Schriftstück, die

Beschreibung der Grenzen des fürstlichen Landgerichts Straubings von 1618, die folgende Zeilen enthält: „*[...] neu gesetzten steinern Martersäule, aldort die gefangenen Malefiz-Personen auch in das frtl. (= fürstliche) Landgericht Straubing übernommen werde.*“

Die Symbole, die sich einst auf den beiden Steinkreuzen befunden haben, sind heute leider nicht mehr zu erkennen.

Um den Fund ihrer Kollegin zu erklären, muss Claudia Heigl etwas ausholen: „Zunächst einmal muss man die Rechtssituation im Spätmittelalter und der frühen Neuzeit kennen, die in eine Hoch- und Niedergerichtsbarkeit aufgeteilt war.“ Die Hochgerichtsbarkeit lag im Herzogtum Bayern bei den Landesherren, den Herzögen, die diese Gerichtsbarkeit an Städte, Klöster oder auch Ritter übertragen konnten. Da viele Adelige dasselbe Recht beanspruchten, machte ihnen Herzog Otto III. von Niederbayern (1261-1312) Zugeständnisse: In der *Ottonischen Handfeste* von 1311 gewährte er den geistlichen und weltlichen Herren im Austausch gegen eine Steuer eine eigene Gerichtsbarkeit – die Niedergerichtsbarkeit –, die sie in ihrem Bezirk, der Hofmark, ausüben durften. Die Ahndung von schweren Delikten, auf welche die Todesstrafe stand – die sogenannten Malefizfälle –, war jedoch nach wie vor dem Herzog oder anderen Inhabern der Hochgerichtsbarkeit vorbehalten. „Die Todesstrafe stand auf Verbrechen wie Totschlag, Vergewaltigung oder Straßenraub“, fährt die Heimatforscherin fort, „weswegen sie in die Zuständigkeit der Hochgerichtsbarkeit fiel, die daher auch Blutgerichtsbarkeit genannt wurde.“ Im 15. Jahrhundert wurde die Liste der schweren Delikte im *Katalog der Viztumshändel* erweitert: Brandstiftung, Meineid, schädliche Zauberei, Entführung und vorsätzliches Versetzen von Grenzsteinen fielen nun ebenfalls unter die Zuständigkeit der Hochgerichtsbarkeit.

„Beging ein Täter einen solchen Malefizfall in der Hofmark, also der Niedergerichtsbarkeit, musste dieser in die Hochgerichtsbarkeit gebracht werden“, ergänzt Claudia Heigl. Und jetzt kommt das Entscheidende: „Die Auslieferung an die Hochgerichtsbarkeit erfolgte an festgelegten Punkten, wie an Toren – oder an Steinkreuzen!“ Die „steinerne Martersäule“ in der Textpassage, erklärt sie, beschreibe also den Punkt, an dem die in der Hofmark gefangene Malefiz-Person an das Landgericht Straubing übergeben werden mussten. „Das Schwert steht dabei wahrscheinlich für die Hochgerichtsbarkeit – im wortwörtlichen Sinne“, fährt die Heimatkundige fort, „denn die Hinrichtung erfolgte entweder am Galgen oder mit dem Schwert.“

„Die Auslieferung an die Hochgerichtsbarkeit erfolgte an festgelegten Punkten, wie an Toren – oder an Steinkreuzen!“

„Das Kreuz mit dem Kelch ist jedoch nirgends dokumentiert“, bedauert die Mitarbeiterin des Heimatarchivs. Es könne die alte Grenze der Hofmark Pfaffmünster markieren, so ihre Überlegung. Klar sei jedenfalls, dass das Kreuz mit Schwert ursprünglich an anderer Stelle gestanden habe und später versetzt worden sei. Denn in der historischen Quelle, welche das Steinkreuz beschreibt, steht außerdem: *„Liegt enterhalb der Donau, auf eine starke Meile Weges von Straubing. Stoßt mit ihren Grenzen an die Hofmark Steinach, Hofmark Falkenfels und an das frtl. (= fürstliche) Landgericht Mitterfels, bis herauf auf die Straubinger Straße […].“* Demnach befand sich das Steinkreuz mit Schwert südlich von Münster. Die Versetzung, so vermutet sie, könne 1810 veranlasst worden sein – diese Jahreszahl war auf der Rückseite des Steins eingeritzt.

„Ein Fall der Auslieferung an die Hochgerichtsbarkeit ist sogar urkundlich dokumentiert“, ergänzt die Heimatforscherin. „Die Bettlerin Anna Maria Radlerin aus St. Pölten soll 1710 durch Münster gekommen sein und dort Hostienmissbrauch getrieben haben. Sie beichtete täglich mehrmals und empfing jedes Mal die Hostie erneut.“ Nach Befragungen soll sie gestanden haben, dass *„die heilige Hostie aus* *dem Mund genommen, entehrt, mit Nägel gestupfet und zu den Hexen-Tänz angewandt worden sey*". Daraufhin wurde sie an der Hofmarksgrenze den Straubinger Landgerichtsbeamten übergeben und hingerichtet (siehe Geheimnis Schwert).

Gehängt oder geköpft wird hierzulande zum Glück keiner mehr, denn die Todesstrafe ist abgeschafft. Doch die Steinkreuze bei Münster erinnern an die Kriminalgeschichte des Landkreises, an deren Funktion als vereinbarter Punkt zur Auslieferung von Verbrechern, die schwere Delikte verübt hatten und der Bestrafung durch die Blutgerichtsbarkeit entgegensahen. Und daran, wie grausam die Gerichtsbarkeit in früheren Zeiten war, wenn die Delinquenten – nicht immer schuldig – für ihre Taten mit dem Leben bezahlen mussten.

„Ein Fall der Auslieferung an die Hochgerichtsbarkeit ist sogar urkundlich dokumentiert."

So geht's zu den Steinkreuzen:

Die beiden Steinkreuze befinden sich westlich von Münster auf dem Feldweg, der in Richtung Kirchroth führt.

04

Gemälde

Ein Spiel aus Licht und Schatten

„Es war ein eindrucksvoller Moment“, schwärmt Claudia Karl-Fischer. Sie erinnert sich, wie sie an einem schönen Sommertag auf einer der hinteren Kirchenbänke in der Klosterkirche Peter und Paul in Oberalteich Platz genommen hatte. „Plötzlich“, sagt sie, „fiel ein Sonnenstrahl direkt auf eines der Gemälde und beleuchtete eine Stelle, die sonst im Verborgenen liegt. Zu sehen war nun auf einmal in bunt schillernden Farben die Darstellung der Klosterkirche.“ Auf besagtem Gemälde ist links der Heilige Petrus dargestellt, dem ein Engel sein charakteristisches Attribut – den Schlüssel – überreicht. Auf der rechten Seite steht der Heilige Paulus, zu erkennen an dem Schwert, das er in seiner Hand hält. Am unteren Ende, zwischen den Gewändern der beiden Heiligen, befindet sich das angesprochene Geheimnis: die vielfarbige Klosterkirche in satten Farben. Dies „allerdings nur bei günstigen Bedingungen“, schränkt Claudia Karl-Fischer ein. „Ansonsten ist die Kirche nur schemenhaft und farblos abgebildet.“

Da die Mitarbeiterin des *Straubinger Tagblatts* in Oberalteich aufgewachsen ist und außerdem in der Nähe wohnt, kennt sie die Gebäude des ehemaligen Klosters und der Kirche in- und auswendig. „Mein Vater erzählte mir viele Geschichten und zeigte mir geheimnisvolle Orte und Objekte“, erinnert sie sich, „auch das Gemälde. Aber ich hatte das Farbenspiel nie selbst gesehen und wieder vergessen, dass es existiert – bis zu jenem Moment.“

Claudia Karl-Fischer recherchierte selbst, fragte sich durch – doch keiner wusste, wovon sie redete. Kaum etwas ist über das Gemälde überliefert. „Wer der Maler des Kunstwerks war, ist unbekannt. Bekannt ist nur, dass der Abt Romanus Denis im 17. Jahrhundert im oberen Stock der Kirche 13 Altäre anfertigen ließ“, sagt die Geschichtsinteressierte. Das Gemälde muss eines der Altarbilder gewesen sein, die – gemeinsam mit den anderen Altären – im Zuge der Säkularisation

Claudia Karl-Fischer kennt viele geheimnisvolle Orte und Objekte in Oberalteich – wie das Gemälde in der Klosterkirche.

entfernt wurden. Vermutlich fand es auf diese Weise seinen Weg nach unten, wo es heute an einem der Pfeiler zu sehen ist. Denkbar wäre also, dass das Gemälde am einstigen Standort so angebracht war, dass der Lichteffekt an bestimmten Tagen zustande kommen sollte. Doch möglich ist auch, dass das Farbenspiel von dem Künstler gar nicht gewollt war: Nicht nur hat das Gemälde seinen ursprünglichen Aufstellungsort verlassen, sondern es befindet sich jetzt auch an einem sehr dunklen Platz in der Kirche.

Andererseits jedoch – das Spiel mit Licht und Schatten ist im Barock, der Entstehungszeit des Gemäldes, nicht unüblich. Bekanntester Vertreter dieses Stilelements ist sicherlich der niederländische Maler Rembrandt (1606-1669). So oder so – letztendlich muss offen bleiben, ob das Farbenspiel tatsächlich gewollt war oder ob es sich infolge des Zusammenspiels vieler Faktoren zufällig ergeben hat.

„Das schmälert aber den *Wow-Effekt* in keiner Weise", versichert Claudia Karl-Fischer. „Es ist einfach wundervoll, wie sich der schattenhafte Umriss der Kirche – der insbesondere während der Wintermonate kaum zu erkennen ist – bei Lichteinfall in ein sattes, farbenfrohes Bauwerk verwandelt." Was dieses Phänomen noch eindrucksvoller macht, ist die atemberaubende Kulisse der Klosterkirche. „Man muss es selbst gesehen haben, sonst glaubt man es nicht", sagt die Ortskundige. Eine Garantie gibt es natürlich nicht, dass das Geheimnis bei einem Kirchenbesuch sichtbar wird. Aber gerade das macht es für Claudia Karl-Fischer so besonders.

So geht's zum Gemälde:

Nach Betreten der Klosterkirche ist das Gemälde auf der linken Seite zu sehen. Dieser Teil der Kirche ist nicht vergittert und immer zugänglich.

Detail der charakteristischen weiß-blauen Rauten des Freistaats Bayern, die vormals „Wecken" genannt wurden.

05

Rauten

Das Wappen der Bayern

Weiß-blauer Himmel, weiß-blaue Tischdecken, weiß-blaues Bayern: Das Landeswappen mit seinen charakteristischen zweifarbigen Rauten ist Sinnbild für bayerisches Bier und zünftiges Essen, also für urige Gemütlichkeit schlechthin, und findet sich im Freistaat an unzähligen Orten – so auch im Eingang der Kirche auf dem Bogenberg. Doch der kleine Schlussstein des Rippengewölbes fällt hier kaum auf, schließlich richtet sich der Fokus der Eintretenden auf das, was sich hinter den Eingangstüren des Gotteshauses befindet (siehe Geheimnis Gnadenbild). Dabei verkörpert das unscheinbare Bauteil ein wichtiges Stück bayerischer Geschichte, denn das Muster – die bekannten weiß-blauen Rauten, die auch die Staatsflagge zieren – hat hier auf dem Bogenberg seinen Ursprung.

Dass die Rauten „irgendwas" mit den Grafen von Bogen zu tun haben, ist für die meisten Bewohner der Gegend allerdings kein sonderlich großes Geheimnis – schließlich ist die Region „Heimat des Bayerischen Rautenwappens". Doch die Ursprünge des Wahrzeichens und die Umstände, wie es den Wittelsbachern zufiel, sind weit weniger bekannt. Barbara Michal, die Museumsleiterin des Kreismuseums Bogenberg, hat einiges dazu zu sagen.

„Die Geschichte nimmt ihren Anfang in Böhmen mit Ludmilla, Tochter des Herzogs Friedrich von Böhmen", beginnt die Kunsthistorikerin. „In jungen Jahren muss sie ihre Heimat verlassen, um 1184 Albert III., den Grafen von Bogen-Windberg, zu heiraten." Das Adelsgeschlecht hatte kurz zuvor, Mitte des 12. Jahrhunderts, seinen Sitz vom Windberg zum Bogenberg verlegt, wo die Grafen seitdem residierten. In ihrer Ehe mit Albert (1165-1197) brachte Ludmilla (um 1170-1240) drei Söhne zur Welt, bevor sich ihr Gatte den Kreuzzügen anschloss und dabei sein Leben ließ. Einige Jahre später, 1204, heiratete die Witwe dann erneut: den bayerischen Herzog und Wittelsbacher Ludwig I. (1174-1231) – ehemaliger Gegenspieler ihres verstorbenen Ehemanns und Gründer der Stadt Straubing. Ein Aufstieg für Ludmilla, denn nun stand ihr der Titel einer Herzogin zu.

Mit ihrer Vermählung mit Ludwig beginnt nun auch die dokumentierte Geschichte des berühmten Wappens: Denn nach der Hochzeit gaben sich ihre Söhne aus erster Ehe mit dem Grafen von Bogen – Berthold III. (um 1190-1218) und Albert IV. (um 1191-1242) – ein neues Siegel. „Die Replik des ältesten, eindeutig belegten Siegels ist im Kreismuseum auf dem Bogenberg ausgestellt", sagt die Museumsleiterin. Es ist das Reitersiegel Bertholds III. aus dem Jahr 1209. Das Spektakuläre dabei: „Auf Schild und Banner des Reiters sind die charakteristischen Rauten abgebildet." Eine These ist, dass die geometrische Form eine Abwandlung des Gittermusters ist, das sich auf den Siegeln von Ludmillas böhmischen Vorfahren befand. Somit beriefen sich ihre Söhne, die Bogener Grafen, auf die Wurzeln ihrer Mutter.

„Auf Schild und Banner des Reiters sind die charakteristischen Rauten abgebildet."

Als mit dem Tod Alberts IV. im Jahr 1242 der letzte Sohn Ludmillas aus erster Ehe – kinderlos und ohne Erben – aus dem Leben schied, starb auch das Geschlecht der Grafen von Bogen aus. So gelangte das

Wappen schließlich in den Besitz der Wittelsbacher: Denn mit dem bayerischen Herzog Ludwig hatte Ludmilla einen weiteren Sohn, Otto II. (1206-1253). Als Halbbruder der Bogener Grafen fielen ihm deren Ländereien zu. „So kam das Bogener Rautenwappen in den Besitz der Wittelsbacher“, sagt die Museumsleiterin. Der früheste Nachweis findet sich auf einem Wappensiegel von Ludwig II. (1229-1294), dem Sohn Ottos II. und Enkel Ludwigs I.: „Auf dem Siegel von 1247 ist die älteste Darstellung der Rauten als Teil des Wittelsbacher Wappens überliefert.“

Wie genau es zu der Farbkombination weiß-blau kam, ist allerdings nicht bekannt. Die Nutzung der Farbe Weiß – in der Heraldik eigentlich Silber – ist erstmals in der zweiten Hälfte des 13. Jahrhunderts nachgewiesen. Blau repräsentierte möglicherweise die Farbe des Heerbanns, also des Heeresverbands, der sich beim Aufruf durch den Herzog formierte. Im Besitz des Hochadelsgeschlechts wurden die Farben weiß-blau schließlich zum Sinnbild für das Land Bayern. Übrigens ist die Reihenfolge der Farben nicht zufällig: Genannt wird immer die Farbe, die in der oberen rechten Ecke dargestellt ist – also Weiß.

Im Laufe der Zeit wandelte sich das Wappen immer wieder. Beispielsweise wurde die Anzahl der Rauten seit dem Spätmittelalter auf 21 festgelegt, im Jahr 1806 dann verdoppelt und später wieder reduziert. Das heute gültige bayerische Staatswappen wurde 1950 von Eduard Ege entworfen und zeigt, stellvertretend für die bayerischen Regionen, den „Pfälzer Löwen“, den „Fränkischen Rechen“, den „Staufer Löwen“ und den „Ortenburger Panther“. Und die zweifarbigen Rauten im Herzschild des Wappens repräsentieren das gesamte Bayern – mit seinem unverwechselbaren weiß-blauen Charme.

So geht's zu den Rauten:

Der Schlussstein befindet sich im Eingang der Wallfahrtskirche auf dem Bogenberg.

06

Steinmetzzeichen

Arbeiten mit Akkordlohn

„Eine Swastika?", vermutet eine Passantin. Sie steht unter dem Durchgang des Stadtturms und mustert eines der vielen eingeritzten Zeichen. Täglich durchqueren mehrere Hunderte Menschen die Passage im Turm, die im Herzen der Stadt liegt. Doch kaum ein Vorbeigehender hebt seinen Blick und schaut sich die zwei Bögen aus Regensburger Grünsandstein im Kreuzgewölbe genauer an. Die Passantin, der die sonderbaren Symbole auffallen, fragt sich, was sie wohl bedeuten mögen. Eines der Zeichen hat die Form einer Swastika, des altindischen Glücksymbols in Form eines Sonnenrades, das von den Nationalsozialisten im Dritten Reich als Zeichen der NSDAP missbraucht wurde. Doch dieses hier hat weder etwas mit Hinduismus noch mit Hakenkreuzen zu tun. „Es ist ein altes Steinmetzzeichen aus der Zeit des Turmbaus", erklärt Birgit Gigler, die als Gästeführerin alle Details am Stadtturm kennt.

Der Bau des 68 Meter hohen Turms mit seinen fünf Spitzen reicht mehr als sieben Jahrhunderte zurück. Eine Aufzeichnung im Chorbuch des Klosters Windberg belegt die Stadtgründung im Jahr 1218 sowie den Bau des Stadtturms 1316. Zu der Zeit ermöglichte das Kreuzgewölbe einen Durchgang sowohl von Norden nach Süden als auch von Westen nach Osten. Letzterer wich im 15. und 16. Jahrhundert den noch heute stehenden Anbauten am Turm, in denen sich unter anderem die Ratsstube (siehe Geheimnis Weinreben) befunden hat. Der Durchlass von Norden nach Süden hat sich aber erhalten und mit ihm die alten Steinmetzzeichen. Die eingemeißelten Symbole werden als eine Art Signatur der Steinmetze verstanden, die am Turm mitgearbeitet haben – eine Tradition, die insbesondere in der Gotik ihre Blütezeit erlebte. Sehr frühe Belege für eingehauene Zeichen datieren sogar zurück bis in die Zeit der ägyptischen Königsgräber um 2.600 v. Chr. Beispiele aus der Antike finden sich auf den Stadtmauern Roms, in Pompeji oder in orientalischen Zentren wie Persepolis. Auch der

Gästeführerin Birgit Gigler unter dem Gewölbe des Stadtturms.

Archäologe Heinrich Schliemann (1822-1890) beschreibt, wie er bei seiner legendären Ausgrabung in Troja Steinmetzzeichen vorfand.

Wie kam es aber dazu, dass solche Zeichen, vor allem in der Gotik, an Kirchen, Privathäusern oder Verteidigungsbauten zahlreicher Städte angebracht wurden? Karl Friedrich erklärt in seinem Buch *Die Steinbearbeitung in ihrer Entwicklung vom 11. bis zum 18. Jahrhundert* die Entwicklung der Symbole. In der Frühgotik dienten die Zeichen zunächst einem rein praktischen Bedürfnis. Handwerker, die beispielsweise am Bau von Kirchen oder Klöstern beteiligt waren, erhielten als Bezahlung zunächst Tagelohn in Form von Naturalien, meist landwirtschaftliche Produkte oder andere Tauschwaren. Mit den Kreuzzügen im 11. und 12. Jahrhundert wandelte sich diese Vorgehensweise jedoch, denn große Mengen an Gold und Silber erreichten den Westen, der Vorrat an gemünztem Geld wuchs. Die wirtschaftlichen Veränderungen führten zu neuen Formen der Lohnauszahlung: Nun wurde bar und im Akkordlohn, also nach Stück, bezahlt – was einem schnellen Arbeiter durchaus entgegenkam. Das neue System erforderte demnach eine Berechnung nach Stückzahlen und somit eine Kontrolle über die von unterschiedlichen Arbeitern gefertigten Steine. Denn einfache, glatte Quader wurden täglich dutzendweise von verschiedenen Steinmetzen produziert, wodurch schnell der Überblick verloren gehen konnte. Um diese Verwirrung zu vermeiden, markierten die Steinmetze ihre Produkte mit einem einfachen, individuellen Zeichen. Die Markierung beschränkte sich oftmals auf die oberste Lage eines Steinstapels, der im Verlauf eines Tages produziert worden war. „Anfangs nutzten die Steinmetze vor allem häufig verwendete Buchstaben oder simple geometrische Figuren wie Kreuze, Kreise oder Quadrate", fährt Gigler

Auf den Steinen finden sich vorwiegend Buchstaben und einfache geometrische Formen.

fort. Nicht zu verwechseln seien die Zeichen mit Versetzzeichen, so die Straubingerin. Vor allem im Kirchenbau dienten diese – oftmals römische Ziffern – als Anleitungen, in welcher Reihenfolge die Steine zu verbauen waren.

Mit der veränderten Lohnzahlung entwickelten sich die ersten örtlichen Zusammenschlüsse von Bauarbeitern, aus denen sich im Laufe des 13. bis 15. Jahrhunderts festere Ordnungen wie die gotischen Bauhütten entwickelten. Insbesondere dieses Hüttenwesen führte zu einem Wandel der Symbole von einer einfachen Signatur für die Lohnaufstellung bis hin zu bedeutenden Ehrenzeichen. Beendete ein Geselle seine Lehrzeit, erhielt er von der Bauhütte ein zugeteiltes Zeichen oder durfte, falls von der Vereinigung genehmigt, selbst eines erwählen. In dieser Zeit verewigten sich die Steinmetze oft auf schwierigen Werkstücken, Baumeister begannen, ihr „Meisterzeichen“ in einen Schild zu setzen und an prominenten Stellen anzubringen. Meist waren die Steinmetzzeichen der Spätgotik einfach und abstrakt gehalten, gebogene Linien waren unüblich. Die Vorlieben für Muster oder Formen änderten sich in den nächsten Jahrhunderten immer wieder, bevor der Gebrauch der Steinmetzzeichen schließlich Anfang des 19. Jahrhunderts mit der Auflösung der Zünfte endete.

Die Ähnlichkeit des Steinmetzzeichens im Stadtturm mit einer Swastika ist also zufällig und dem Umstand geschuldet, dass der Steinmetz simple geometrische Formen – wie sich kreuzende Linien – für seine Signatur benutzte. Wer der Urheber dieses Zeichens war, muss offenbleiben: „Die Meister dieser Steinmetzzeichen kennen wir heute leider nicht mehr“, ergänzt die Gästeführerin.

So geht's zu den Steinmetzzeichen:

Die Symbole befinden sich auf den beiden Steinbögen im Durchgang des Stadtturms.

Mit Blumen hat die gleichnamige Gasse nur indirekt etwas zu tun.

07

Rosengasse

Am Rand der Stadt und der Gesellschaft

Um es gleich vorwegzunehmen: Die Straße am südlichen Rand der Innenstadt verdankt ihren Namen nicht der wunderschönen Blume. Denn die Rosengasse hat weder etwas mit Rosen noch mit Rossen zu tun. Wobei – irgendwie steht die Gasse ja doch im Zusammenhang mit den beliebten Pflanzen. Nur eben anders, als man vermuten mag. Denn der Name leitet sich von den „rosigen Mädchen" der städtischen mittelalterlichen Bordelle ab. Zwar schmeichelte der Name „Röschen", „Röslein" oder „Rosen" durchaus schönen Frauen, doch der Vergleich mit den Blumen hat noch einen anderen Hintergrund: Damit die Huren als solche schnell zu erkennen waren, mussten sie sich entsprechend kleiden, sie trugen daher in vielen Städten ein rotes Tuch auf dem Kopf – und erinnerten so an Rosen.

In der Rosengasse stand zumindest eines der drei Bordelle, die im Mittelalter in Straubing existierten. Dass diese nahe des Stadtgrabens lagen, ist dabei kein Zufall. Wie andere Bevölkerungs- oder Berufsgruppen auch, waren sie im Zentrum nicht erwünscht. Im westlichen Abschnitt der Straße, der früher Judengasse hieß, lebten beispielsweise die Juden (siehe Geheimnis Jüdischer Grabstein). Ebenfalls an den Rand der Stadt wurden „stinkende“ Berufe wie Gerber verbannt. Oder eben unangesehene, „unehrliche“ Berufe wie Scharfrichter und Prostituierte. Der Begriff bezieht sich dabei allerdings nicht auf unwahre Worte, sondern auf die Ehre – sie galten als ehrlos und ihnen blieben gewisse bürgerliche Rechte verwehrt (siehe Geheimnis Schwert). So befanden sie sich nicht nur am Rand der Stadt, sondern auch am Rand der Gesellschaft. Immerhin hatten die Frauen in den „Frauenhäusern“, wie diese Etablissements damals genannt wurden, ein besseres Ansehen als die Gassenhuren, die auf der Straße arbeiteten und gesellschaftlich ganz unten standen.

„In der Rosengasse stand zumindest eines der drei Bordelle, die im Mittelalter in Straubing existierten.“

Auch wenn die Gasse überhaupt nichts mit wunderschönen Rosenhecken gemein hat – ähnlich betörend wie der sinnliche Duft der Blume wirkten die „Röschen“ wahrscheinlich schon.

So geht’s zur Rosengasse:

Die Straße befindet sich parallel zum Stadtgraben am südlichen Ende der Innenstadt und erstreckt sich von der Steinergasse bis zur Burggasse.

08

Kaugummisteine

Aus glutflüssigem Magma entstanden

Hundekot, Zigaretten, Kaugummis – achtlos weggeworfener Abfall stellt vielerorts ein Problem dar. Er ist nicht nur hässlich, sondern auch schlecht für die Umwelt. Daher bitten viele Städte und Gemeinden mit immer höheren Bußgeldern zur Kasse. Bis zu 75 Euro kostet in Bayern beispielsweise ein ausgespuckter Kaugummi. So käme ein kleines Vermögen zustande, würde man die zahlreichen Exemplare auf dem Steinpflaster zwischen der Dreifaltigkeitssäule und dem Jakobsbrunnen zusammenzählen. „Diese rund-ovalen Flecken sehen zwar aus wie platt gedrückte Kaugummis", sagt Dr. Gerhard Lehrberger, „aber es sind keine." Als Kulturgeologe untersucht er speziell die Objekte, bei denen sich der Mensch den Rohstoff Stein zunutze gemacht hat – und dazu gehört auch das historische Straßenpflaster als Baumaterial. Zudem kennt sich der gebürtige Straubinger in seiner Stadt aus. Begeistert fährt er fort: „Die weißen Einschlüsse sind Kalifeldspat-Kristalle im Diorit."

Um das näher zu erläutern, muss der Mitarbeiter an der Technischen Universität München etwas weiter ausholen: Grundsätzlich wird Gestein in drei Hauptkategorien eingeteilt, abhängig von dessen Entstehungsprozess: Magmatite entstehen durch Abkühlung und Erstarren geschmolzenen Gesteins, Sedimentgesteine bilden sich durch Ablagerungen im Meer oder auf dem Festland und metamorphes Gestein wird umgewandelt durch Einwirkung von Druck und Hitze. Die Magmatite bilden sich in Magmenherden, mit glutheißem Magma gefüllten Kammern in einigen Kilometern Tiefe. Denn erstarrt diese Masse, bilden sich sogenannte Plutonite, auch Tiefengesteine genannt. Granit ist einer der bekanntesten Vertreter dieser Unterkategorie. Diorit, der Stein, auf dem die Flecken zu sehen sind, ist ebenfalls ein magmatisches Gestein. Ein wesentlicher Bestandteil des Diorits sind Feldspäte. Diese Minerale bilden die charakteristischen hellen Flecken im Kopfsteinpflaster, sie entstanden als Einsprenglinge bei der Kristalli-

Gerhard Lehrberger kniet auf dem Stadtplatz und zeigt auf einen Kaugummistein, auf dem die rundlich angelösten Kristalle zu erkennen sind.

sation des Diorits tief in der Erdkruste. In diesem Fall handelt es sich um Kalifeldspat, das heißt, das chemische Element Kalium ist ein wichtiger Bestandteil. An der Erdoberfläche sind Magmatite nur in den sogenannten Grundgebirgsarealen vertreten. In den Bergen des Bayerischen und Oberpfälzer Waldes finden sich beispielsweise vermehrt Granite.

Der Rohstoff Stein begleitet den Menschen schon von Beginn an in seiner Entwicklung – als Werkzeuge, Baumaterial oder Schmuck. Die Technik, Straßen zu pflastern, ist dabei keine Erfindung der Neuzeit. Prominentestes Beispiel sind die Römerstraßen, deren Netzwerk sich europaweit über Tausende Kilometer erstreckte. Schriftliche Quellen überliefern unterschiedliche Baumethoden, je nach Art und Funktion der Straße. In der Regel folgten mehrere Lagen von Baumaterial: Aufgeschüttetes Lockermaterial, darauf Steine verschiedener Größen, die oberste Schicht schloss mit behauenen Steinen ab. Straßen wurden im Verlauf der Geschichte immer wichtiger, unter Karl dem Großen (747/748-814) wurden beispielsweise die Wegenetze wieder ausgebessert oder neu gebaut.

In Straubing verweist die „Steinergasse“ auf eine sehr alte und bedeutende Straße, die ein wichtiger Verkehrsweg nach München war. Herzog Albrecht I. von Straubing-Holland (1336-1404) erteilt im Jahr 1376 den Auftrag, die Stadt zu pflastern. Dabei wird 1405 die „steinern straß“ erstmals urkundlich erwähnt. Somit zählt sie zu den ältesten gepflasterten Straßen Deutschlands überhaupt. Von diesem ursprünglichen „Katzenkopfpflaster“, bestehend aus unförmigen Donaukieseln, ist allerdings nichts mehr zu sehen, da es im Laufe der Zeit ersetzt wurde. Das Nachschlagewerk *Meyers Konversationslexikon* aus dem ausgehenden 19. Jahrhundert beschreibt den Wechsel im Straßenbau: „Das ehemals sehr verbreitete rau[h]e Pflaster aus Geröllen wird mehr und mehr von dem regelmäßigen Reihenpflaster verdrängt, dessen Steine an der Oberfläche rechteckig bearbeitet sind.“ Dabei müssen die Reihen senkrecht zur Straße verlaufen und eine gewisse Wölbung aufweisen – für ein besseres Auftreten der Pferde und um den Wasserabfluss zu ermöglichen. Ferner dürfen die Steine nicht mit der Zeit zu glatt werden und müssen daher eine gewisse Härte besitzen. Bedingungen, welche vor allem granitartige Gesteine wie Diorit mit am besten erfüllen. „Um 1900 wurden im Regensburger Wald solche würfelförmigen Steine in großen Mengen produziert. Erst durch neue Transportmöglichkeiten wie die Eisenbahn konnten sie auch über größere Entfernungen befördert werden", erklärt der Kulturgeologe.

Von diesem Pflaster haben sich in der Steinergasse sowie um den Stadtplatz große Flächen erhalten, zu erkennen an den quadratischen und buckeligen Steinen. Heute besteht das Straßenpflaster im Bereich der Gehwege jedoch vorwiegend aus glatten und modernen Steinen, die 1983 bei der Umgestaltung der Fußgängerzone gelegt wurden. Wer also beim Schlendern in der Steinergasse oder auf dem Stadtplatz auf Höhe der Dreifaltigkeitssäule den Blick nicht auf die Schaufenster, sondern auf den Boden lenkt, wird die zwei unterschiedlichen Pflasterarten erkennen können – sowohl die modernen ebenen und die älteren buckeligen Steine aus dem beginnenden 20. Jahrhundert. Die alten Steine sind durch die eisenbereiften Räder glatt geschliffen, während die neuen Steine eine gesägte Oberfläche aufweisen. „Kaugummisteine", also Steine mit Feldspat-Einsprenglingen, findet man ausschließlich im historischen Straßenpflaster.

„Um 1900 wurden im Regensburger Wald solche würfelförmigen Steine in großen Mengen produziert. Erst durch neue Transportmöglichkeiten wie die Eisenbahn konnten sie auch über größere Entfernungen befördert werden."

Die Sorge, dass die Schuhe beim Spaziergang am Boden festkleben könnten, ist somit also unbegründet. Der Geologe Gerhard Lehrberger freut sich jedenfalls, dass die Steine – die sonst ja nur mit den Füßen getreten werden – zum spannenden Anschauungsmaterial geworden sind.

So geht's zu den Kaugummisteinen:

Das Straßenpflaster mit den Einschlüssen findet sich in der Steinergasse und beiderseits des Stadtturms auf dem Theresien- und Ludwigsplatz.

Für Kunden

09

Osmane

Wie fremde Gewürze nach Straubing kamen

Edle Stoffe, berauschende Düfte, fremdartige Speisen und Getränke – der Zauber von Exotik begeisterte die Menschen schon immer. Das ist auch in Straubing nicht anders. Davon kündet das Eckhaus auf dem Ludwigsplatz, direkt gegenüber dem Stadtturm. Dort ziert, recht unscheinbar, ein Relief die Fassade, es verrät, was sich einmal in diesem Haus befunden hat. Zu sehen ist ein Mann, der mit dem Rücken an einem geschnürten Ballen lehnt. Der Anker und die wellenförmigen Linien im Relief deuten an, dass damit ein Warenpaket aus der Ferne dargestellt wird. Unterstützt wird dieser Eindruck durch die fremdländische Tracht, die der Mann trägt: Er scheint ein Händler zu sein. „Mit Waren ‚aus der Fremde' wurde hier schon im 18. Jahrhundert gehandelt", weiß Dr. Dorit-Maria Krenn. „Das Inventarverzeichnis, das angefertigt wurde, als das Anwesen 1764 den Besitzer wechselte, listet Exotika wie Pfeffer- und Kaffeemühlen sowie Mörser auf", fährt die Stadtarchivarin fort.

Das Eckhaus war auch schon vor dem 18. Jahrhundert ein großes Handelshaus gewesen – bereits im Steuerbuch von 1580 wird das Anwesen eines „cramers" genannt. In den nachfolgenden Jahrhunderten war das Haus im Besitz zahlreicher bedeutender und angesehener Kaufleute, von denen viele Mitglieder im Rat der Stadt waren. Das vermutlich erst 1906 dort angebrachte Relief verweist demnach auf die Vergangenheit des Handelshauses: Das Paket voller Waren und die Kleidung lassen den Mann aussehen wie einen Händler aus dem Osmanischen Reich, das lange eine bedeutende Rolle für den Warenverkehr nach Europa innehatte. Charakteristisch ist die Kopfbedeckung des Mannes: Er trägt einen Hut in Form eines Kegelstumpfes, einen Fes. Diese auffallenden Hüte aus rotem Filz mit herunterhängender Quaste stammen ursprünglich aus der gleichnamigen Stadt in Marokko, entwickelten sich aber vor allem im Osmanischen Reich zur klassischen Kopfbedeckung. Passend dazu trägt er einen Überwurf mit

Stadtarchivarin Dorit-Maria Krenn kennt die Geschichte des ehemaligen Handelshauses.

langen Ärmeln und vertikal verlaufender Stickerei, weite Hosen und spitze Schuhe. In der rechten Hand hält er eine Pfeife und genießt den Tabak, wie feine Dampfwolken aus seinem Mund andeuten.

Der Warenhandel im Osmanischen Reich erfolgte über ein riesiges Netzwerk, bei dem die sogenannten „Kapitulationen" eine zentrale Rolle in Europa spielten. Diese Kapitulationen – benannt nach den in Kapitel unterteilten Texten – waren Abkommen, die den Handel zwischen dem Osmanischen Reich und den jeweiligen europäischen Staaten regulierten. So fanden exotische Güter – vor allem Stoffe, Salz und Gewürze – ihren Weg vom Orient über Italien nach Niederbayern. „Während der Blütezeit des Herzogtums Straubing-Holland unter Albrecht II. kamen die Bewohner des Herzogsschlosses Ende des 14. Jahrhunderts nicht nur in den Genuss des höfischen Lebens, wie Unterhaltung durch Schauspieler und Musikanten. Sie erfreuten sich auch an exquisiten Speisen und Getränken sowie teuren Gewürzen wie Pfeffer, Ingwer und Safran", schildert die Archivarin und schränkt ergänzend ein, das sei natürlich der Oberschicht vorbehalten gewesen.

Die Initialen auf dem Fass stehen vermutlich für Carl Arnold, der einer der Hausbesitzer aus dem 19. Jahrhundert ist.

Eine bedeutende Zwischenstation im Handelsverkehr war die Levante, also das östliche Mittelmeer. Viele Produkte aus der Ferne, wie hochwertige Textilien – Venedigs Exportschlager – oder Pfeffer und Kaffee, erreichten so Mitteleuropa. Dass die kostbaren Bohnen für das beliebte Getränk auch Straubing erreicht haben, bezeugen die Aufzeichnungen über den Händler Johann Gregor Arnold – denjenigen, der 1764 das Eckhaus kaufte – nennt doch die für den Handel angefertigte Inventarliste eine Kaffeemühle. „Als er das Anwesen samt Geschäft nach 40 Jahren seinem Sohn Clemens übergab", ergänzt die Historikerin, „behielt er sich einen Teil des Hauses sowie den Verzehr der täglichen Kost vor, einschließlich drei Maß Bier und ‚3 Schalen caffee nebst brod' zum Frühstück", zitiert sie mit einem Schmunzeln. Wohlverdient, denn der Händler war fleißig gewesen: Der Wert des Hauses belief sich auf 8.000 Gulden, das Warenlager auf weitere 28.300 Gulden, ein Vermögen! Einer seiner Enkel, Franz Xaver, war übrigens der wohl beste Freund des Malers Carl Spitzweg (1808-1885), als Letzterer von März bis Oktober 1829 als Geselle an der Löwenapotheke in Straubing arbeitete. Der Künstler genoss scheinbar das Leben in der Stadt: Er spielte im Laientheater mit, erfreute sich an Speis und Trank, schäkerte mit den Frauen und ging in besagtem Eckhaus sozusagen „ein und aus".

Ein Bruder von Franz Xaver, Carl Arnold, übernimmt 1838 das Geschäft und nennt es fortan „Spezerey-Material-Farben und Schnittwaren". Die schönen Holztüren auf der Seite des Hauses in der Simon-Höller-Gasse zeigen vermutlich dessen Initialen, abgebildet auf einem großen Fass – gemeinsam mit dem dargestellten Kaufmannssymbol, dem Anker, sollen sie seinen Handel mit Spezereien, Waren wie Gewürzen und Delikatessen, versinnbildlichen.

Ende des 19. Jahrhunderts erwarb der angestellte Geschäftsführer Michael Usselmann das Anwesen und ließ wenige Jahre später das Relief mit dem türkischen Händler an seinem Laden für „Kolonial- und Spezereiwaren" anbringen, als das Anwesen umgebaut und die Fassade erneuert wurde. Heute werden dort Brezeln und süßes Gebäck angeboten – und Kaffee kann man hier nicht nur kaufen, sondern auch trinken.

So geht's zum Osmanen:

Das Relief hängt auf der dem Stadtturm direkt gegenüberliegenden Seite des Eckhauses am Ludwigsplatz 1.

Engel

Ein stummer Zeuge

„Könnte der Engel sprechen“, überlegt Oberbürgermeister Markus Pannermayr, „was würde er wohl erzählen?“ Sicher ist, dass der steinerne Schildträger über dem spätgotischen Spitzbogenportal am Zugang zum Balkon im ersten Stock viel erlebt hat: Nachdem die Stadt das Anwesen, zu dem Portal und Engel gehören, 1382 erworben hatte, wurde es kurze Zeit später zum Rathaus umgebaut. Seit mehr als 600 Jahren verfolgt der Engel von dort aus das bunte Treiben in Straubing: Er freute sich über das geschäftige Marktleben, das Geld in den Stadtsäckel brachte, sah Persönlichkeiten wie Joseph von Fraunhofer oder Carl Spitzweg vorbeispazieren, begrüßte hohe Rathausgäste wie Herzöge und Könige, Präsidenten und Minister, schaute den fröhlichen Aus- und Festzügen des Volksfestes zu oder beobachtete, wer in der Ratsstube einkehrte – und wer wieder raus auf die Straße torkelte (siehe Geheimnis Weinreben). Ebenso erlebte er natürlich all die Geschehnisse mit, die sich auf dem Balkon selbst zutrugen. Und so wurde er zum stummen Zeugen einer schauderhaften Tradition vergangener Zeiten:

„Vielleicht wirkt er deshalb so ernst? Denn vom Rathausbalkon verkündete der städtische Richter die Todesurteile“, erklärt Markus Pannermayr, „indem er seinen Richterstab über dem Verurteilten brach.“ Seit 1602 hatte die Stadt Straubing die Hochgerichtsbarkeit inne und konnte somit Todesurteile fällen. Bei Schuldsprüchen dieser Art präsentierte der Magistrat das „rote Tuch“, indem er einen gleichfarbigen Teppich vom Balkon des Rathauses herabhängen ließ. Dieses symbolische Verfahren wird bereits in den ältesten Ratsprotokollen mit den Worten *„Der Rat der Stadt wird beauftragt, den roten Teppich auszuhängen!“*

„Vom Rathausbalkon verkündete der städtische Richter die Todesurteile, indem er seinen Richterstab über dem Verurteilten brach.“

Oberbürgermeister Markus Pannermayr neben dem Engel, der als Schildträger am spätgotischen Spitzbogenportal angebracht ist.

beschrieben. Straubings Oberbürgermeister fährt fort: „Nach Verlesen des Urteils wurde der Verurteilte zum Richtplatz gebracht, wo der Scharfrichter ihn – oder sie – öffentlich hinrichtete.“ Erst um 1850 endeten Hinrichtungen in der Öffentlichkeit, und mit dem Inkrafttreten des Grundgesetzes der Bundesrepublik Deutschland im Mai 1949 wurde die Todesstrafe abgeschafft, auch in Bayern.

Mehr als einmal hätte der Engel – dessen Schild vermutlich ursprünglich das Stadtwappen, zumindest das Zeichen der Bürger, den Pflug, zeigte – beinahe selbst ein jähes Ende gefunden. Beispielsweise während des verheerenden Stadtbrands am 13. September 1780, als die halbe Stadt niederbrannte (siehe Geheimnis Jahreszahl). Oder am 25. November 2016, einem verhängnisvollen Freitagnachmittag, als ein Großbrand im Rathaus ausbrach: Die blitzschnell angerückten Feuerwehrleute konnten zwar ein Übergreifen auf die Nachbargebäude verhindern, doch der berühmte Historische Rathaussaal, der sich hinter dem Balkon befand, fiel den Flammen vollständig zum Opfer. Immerhin – es gab keine Verletzten und auch der Engel blieb verschont.

„Nach Verlesen des Urteils wurde der Verurteilte zum Richtplatz gebracht, wo der Scharfrichter ihn – oder sie – öffentlich hinrichtete.“

Markus Pannermayr, der auf dem für den Wiederaufbau eingerüsteten Balkon steht, zeigt sich zuversichtlich: „Der Engel wird auch in den kommenden Jahrhunderten miterleben, welche Herausforderungen und Höhepunkte die Zukunft für Straubing bereithält.“

So geht's zum Engel:

Der Schildträger ist an dem Spitzbogenportal auf dem Balkon im ersten Stock des Rathauses angebracht.

Die hohen Dächer boten nicht nur viel Platz, sondern verhinderten durch ihre Ausrichtung bei Bränden das Übergreifen der Flammen auf benachbarte Häuser.

11

Traufhaus

Höher, größer, sicherer

„Es ist das höchste Satteldach in Straubing", sagt Gästeführerin Birgit Gigler und zeigt auf das Haus mit dem steilen Dach. Bekannt ist das Anwesen als „Sallinger-Haus", da es sich im letzten Jahrhundert im Besitz des Kaufmanns Arndt Sallinger befand, der auch das gleichnamige Modehaus führte. Zuvor gehörte es einigen Händlern und Adelsfamilien, unter anderem Bürgermeister Andre Haisinger, der 1700 die vorgelagerte Barockfassade ausführen ließ. Doch nicht nur wegen seiner Dachhöhe fällt das Haus sofort ins Auge, sondern vor allem wegen seiner „traufständigen" Ausrichtung: Nicht der Giebel, sondern die Traufe zeigt zur Straße. Ebenso markant ist der Treppengiebel, der als Brandmauer diente. Die quer ausgerichtete Mauer sollte verhindern, dass Flammen auf das Nachbargebäude übergreifen konnten. Denn war ein Feuer einmal ausgebrochen, war es schwer zu löschen und vernichtete mehr als nur das

Heim zahlreicher Menschen. „Der große Dachboden wurde als Warenlager genutzt", merkt die Kulturkuratorin an, „viele solcher Speicher dienten auch zum Lagern von Getreide. Das steht in Zusammenhang mit der Schranne", fährt Birgit Gigler fort, „dem einstigen Getreidemarkt."

Über Jahrhunderte fand dieser auf dem Theresienplatz statt, auf der anderen Seite des Stadtturmes. Der Hintergrund war, dass die Bauern – die früher das Land für die Gutsherren bestellten, es aber nicht besaßen –, das Getreide nicht auf ihrem Hof verkaufen durften, sondern auf die Schranne bringen mussten. Dort wurde jedoch nicht an jedem Tag gehandelt, sondern nur am „Schrannentag", der einmal wöchentlich stattfand. Allerdings durfte nicht verkauftes Getreide nicht wieder zurückgenommen werden: Es erhielt eine Markierung und musste bis zum nächsten Schrannentag auf dem Platz lagern. Fand sich innerhalb der drei folgenden Verkaufstage kein Käufer, wurde es unter Ausschluss des Bauern an einen Angestellten der Stadt veräußert. Das hieß, so lange das Getreide auf dem Schrannenplatz lagerte, musste sich der Bauer selbst um eine Abdeckung zum Schutz vor der Witterung kümmern. „Vor Dieben war die Ware dort natürlich auch nicht sicher", ergänzt Birgit Gigler. Erst nachdem 1808 im Königreich Bayern die Leibeigenschaft aufgehoben worden war, konnten sich die Verkäufer gegen Gebühren Lagerflächen in Häusern mieten wie in den „Kästen", den Anwesen der Gutsherren, die hier ihren „Zehnt" lagerten. Große Spei-

Gästeführerin Birgit Gigler steht vor dem traufständigen Haus am Ludwigsplatz.

cher wie im „Sallinger-Haus" boten ebenfalls entsprechend Platz. „Um die Ware gegen Befall von Kornkäfern zu schützen, wurden viele dieser Dachböden gepflastert", ergänzt die Gästeführerin. An einigen Häusern finden sich außerdem noch die Überreste alter Lastenaufzüge, die an der Außenwand angebracht waren, um die Waren nach oben zu transportieren.

Für Birgit Gigler hat das Haus mit dem höchsten Satteldach noch eine andere Bedeutung: Dort befand sich einst ein lokaler Radiosender, für den sie eine Zeit lang gearbeitet hat. Wegzudenken sind die hohen Dächer aus dem Stadtbild keinesfalls, ist der auffällige Bau doch bereits im Stadtmodell des berühmten Drechslers Jakob Sandtner (um 1530/40-1585/90) zu sehen, welches er 1568 für die Kunst- und Raritätenkammer des Herzogs Albrecht V. (1528-1579) anfertigte. Der Herzog, der Bayern auch gerade von Philipp Apian (1531-1589) vermessen und eine Karte anfertigen ließ, war von Sandtners Modell sehr begeistert und kaufte es ihm ab, nahm ihn mit nach München und ließ ihn seine anderen Städte – München, Landshut, Burghausen, Ingolstadt und weitere – auch als Modelle darstellen. Dies allerdings unter der Bedingung, dass Sandtner, der evangelisch geworden war, erst wieder zur katholischen Konfession zurückkehren musste, um die Anstellung zu bekommen.

„Um die Ware gegen Befall von Kornkäfern zu schützen, wurden viele dieser Dachböden gepflastert."

Wer den Blick öfter mal nach oben richtet, wird übrigens feststellen, dass es in der Stadt mehr als nur diese beiden traufständigen Häuser mit Treppengiebeln gibt – beispielsweise gleich zwei Häuser weiter!

So geht's zum Traufhaus:

Das Haus am Ludwigsplatz 14 befindet sich zwischen Steinergasse und Flurlgasse schräg gegenüber dem Stadtturm.

NEW YORK
Nails

12

Einhorn

Wappentier einer Adelsfamilie

An Fabelwesen scheint es in Bayern nicht zu mangeln. Wolpertinger schlagen sich durch das Unterholz bayrischer Wälder, in Straubing versteckt sich ein kleiner Drache am Herzogsschloss (siehe Geheimnis Drache) und an der Hausfassade gegenüber der Kirche St. Veit präsentiert sich: ein Einhorn. Was es damit auf sich hat, weiß Petra Neuberger. Seit ihrer Studienzeit gibt sie regelmäßig Führungen in Straubing. Trotzdem ist sie immer wieder überrascht, an welchen spannenden Details auch sie selbst gelegentlich unaufmerksam vorbeigeht. Doch dieses Geheimnis ist ihr bekannt: „Zwei Wilde Männer stützen als Schildträger einen Wappenschild mit Einhorn", beschreibt die Historikerin das Kalksteinrelief. Das Einhorn ist mit ausgestreckten Vorderläufen und wilder Mähne dargestellt, das Horn des Tieres verläuft parallel zur linken Kante des Wappenschildes und ist nur noch schwer zu erkennen. Mit „zotteligem" Fell zeigen sich die beiden „Wilden Männer", die abgesehen von ihrer Behaarung nur Stiefel tragen.

„Es ist das Wappen der Adelsfamilie Regeldorfer", erklärt die Gästeführerin. „Johannes Arnkofer, Sohn der Anna Regeldorferin, wohnte hier. Als einer der Kaplane des 1405 gestifteten Polland'schen Benefiziums, das Hanns Polland gemeinsam mit seiner Frau für die neu erbaute Kirche St. Veit stiftete, war er in dem Gebäude untergebracht", schildert sie den Hintergrund. Das Einhorn-Wappen des Kaplans findet sich auch auf dessen Grabstein in der Pfarrkirche in Münster, da er außerdem Chorherr des Kollegiatstifts in Pfaffmünster war (siehe Geheimnis Muscheln).

In der Heraldik ist die Darstellung von Einhörnern keine Seltenheit. Das Fabelwesen ist seit der Antike Gegenstand von Mythen und Legenden und besonders im Mittelalter und der frühen Neuzeit sprachen die Menschen dem Horn magische Kräfte zu – weswegen es auch als Arzneimittel gegen Gifte und die Pest Verwendung fand: „Unter

Petra Neuberger kennt als Gästeführerin Relikte, an denen die meisten Menschen vorbeigehen, ohne sie zu bemerken – wie das Wappen am ehemaligen Polland'schen Benefizium.

allen Arznen Mitteln / so kalter Beschaffenheit seyn / hält man das Einhorn für das fürtrefflichste zu Erhaltung des Herzens / dem Gifft die Krafft zu nehmen / und die Pestilenz zu brechen." So beschreibt es Christoph Vielheuer in seinem Werk *Gründliche Beschreibung fremder Materialien und Specereyen* aus dem 17. Jahrhundert, das eine Sammlung über Herkunft, Wirkung und Anwendung verschiedener Arzneien beinhaltet. Er merkt aber an, dass die seinerzeit in Apotheken ausgestellten Hörner nicht von dem mystischen Landtier stammten, sondern von den gehörnten Tieren aus der norwegischen See – den Narwalen.

Wie die Legenden und Sagen über das Einhorn lassen sich auch die Wilden Männer, die Schildträger des Wappens, bis in die Antike zurückverfolgen. Die im Volksglauben bekannten Wilden sollen Angehörige eines Volkes sein, das in entlegenen Regionen lebt. Die zunächst eher negativ behafteten Aspekte der Rohheit und Wildheit werden im Mittelalter im Sinne der Naturverbundenheit positiv gewertet. Ab etwa dem 15. Jahrhundert erscheinen die Wilden Männer dann zunehmend im Wappenwesen. „Als Schildträger sind sie allerdings nicht Teil des eigentlichen Wappens", erklärt die Historikerin Petra Neuberger.

„Als Schildträger sind sie allerdings nicht Teil des eigentlichen Wappens."

Falls jemand in den Besitz eines solchen Hornes kommen sollte, kann er dessen Echtheit mithilfe eines Tricks überprüfen, den Vielheuer in seinem Werk verrät: „Die Probe des auffrichtigen Einhorns ist / wenn man ein lebendige Spinne auff den Tisch sezet / und hält das Einhorn darüber / bleibet solche unter dem Einhorn todt / so ist es recht und gut." Falls die Spinne lebendig bleibt – tja, dann war es wohl eine Fälschung!

So geht's zum Einhorn:

Das Wappen befindet sich gegenüber der Kirche St. Veit an der Hausfassade am Platzl 6.

Karl-Stecher steht inmitten des bis zu sechs Meter tiefen Burggrabens.

13

Burggraben

Kontrollstation im Fernwegesystem

„Die Dichte an archäologischem Material“, sagt Karl Stecher, „ist in dieser Gegend enorm.“ Spuren aus den verschiedensten Epochen haben sich im Boden in und um Kirchroth erhalten: von Siedlungsresten und Artefakten der „Bandkeramiker“, der ersten bäuerlichen Kultur Mitteleuropas, über bronzezeitliche Funde bis hin zu mittelalterlichen Gräberfeldern. Bei jedem Hausbau könne man eigentlich damit rechnen, auf archäologische Hinterlassenschaften zu treffen, merkt der Heimatforscher an. Mit ganz bestimmten Spuren aus der Vergangenheit, den Altwegen, kennt sich der Pensionär besonders gut aus (siehe Geheimnis Hohlweg). Und das Geheimnis, das der Heimatforscher vorstellt, scheint mit diesen alten Wegesystemen in engem Zusammenhang zu stehen.

Nördlich von Kirchroth entdeckt der pensionierte Beamte auf einer seiner vielen Erkundungstouren abseits des Weges auffällige Formationen, auf die ihn ein lokaler Landwirt zuvor hingewiesen hat: „Eine vier bis sechs Meter tiefe Rinne schneidet sich dort durch das Gelände“, schildert er die topografische Situation. Neugierig geworden, folgt er dem Verlauf des alten Weges und stellt fest: Das ist kein Überbleibsel eines alten Weges. Doch was ist es dann? Stecher hat einen Verdacht und wendet sich an die Kreisarchäologie. Und tatsächlich – seine Vermutung wird bestätigt: Das, worin er da herumspazierte, sind die Reste einer Burg! Auch auf den Karten des Bayerischen Landesamts zeichnet sich der ehemalige Graben, der nicht in seiner ganzen Flucht erhalten ist, deutlich im Geländerelief ab. Er umgibt ein unförmiges Areal, auf dem sich weitere kleine Vertiefungen finden: die Lage der einstigen Burg. Wie die meisten Burgruinen der Gegend datiert die Anlage wahrscheinlich in das 12. bis 13. Jahrhundert.

Residierten auf dem Bergrücken nordwestlich von Pillnach also einst Adelsfamilien, wie es – etwa zur selben Zeit – auch die Grafen von Bogen-Windberg taten? Karl Stecher fand heraus, dass dem nicht so ist: „Die Burg erfüllte sehr wahrscheinlich eine andere Funktion.“ Sie diente einem Zweck, der mit den zahlreichen Altwegen in Verbindung stand, die in dieser Region zu finden sind. „Die Burg stellte wahrscheinlich einen wichtigen Kontrollpunkt für das Fernwegenetz dar, beauftragt von den Grafen von Bogen-Windberg“, vermutet der Heimatforscher. In einer Urkunde von 1158 wird berichtet, ein Teil des Berges von Bischof Hartwig von Regensburg (um 1070-1126) sei an das Kloster Windberg „vertauscht“ worden. „Das Land nutzten die Grafen für den Bau der Burg, um so die Wege zu überwachen und instand zu halten“, fährt er fort. Das Überwachen war auch deswegen sinnvoll, weil es in der Gegend immer wieder zu Überfällen durch Raubritter kam. Auch die Wartung der Wege habe eine wichtige Aufgabe dargestellt, um den bedeutenden Warenverkehr zu gewährleisten. Für Stechers Annahme spricht, dass sich in nördlicher Richtung zwei weitere ehemalige Bur-

„Die Burg stellte wahrscheinlich einen wichtigen Kontrollpunkt für das Fernwegenetz dar, beauftragt von den Grafen von Bogen-Windberg.“

gen finden, die auf der Achse der – fast ausschließlich – in Nord-Süd-Richtung verlaufenden Wege liegen und somit weitere Kontrollpunkte darstellen könnten.

Die kurze Nutzungsphase der Burg von etwa 100 bis 150 Jahren passt zu seiner Vermutung. Denn mit der Gründung vieler Städte und Märkte im 13. und 14. Jahrhundert – darunter auch Straubing im Jahr 1218 – verlagerte sich das Wegenetz von den Höhen zunehmend in die Täler, wodurch die Burganlage in Pillnach ihre Funktion verlor. Das machten sich die Herren des nahe gelegenen Klosters Niederachdorf zunutze: Sie schleiften die Burg, das heißt, sie trugen die Steine ab und verwendeten das Baumaterial für ihre eigenen Zwecke. So kommt es, dass sich von der Burg selbst keine baulichen Reste erhalten haben.

Doch einige Fragen sind noch offen. Denn der Bauer, der Stecher auf die Burggräben hinwies, machte auf einem seiner Äcker eine weitere Entdeckung: Knochenreste. Seitdem hat der Landwirt aufgehört, den Boden zu bearbeiten, um so die Funde zu erhalten. „Da sich das Feld nicht weit von der ehemaligen Burg befindet, könnte es sich dabei um ein mittelalterliches Gräberfeld handeln, das im Kontext der ehemaligen Burganlage stand“, überlegt der Heimatforscher. Für Karl Stecher enden die Recherchen und Feldbegehungen nicht. Er ist weiterhin auf der Suche nach alten Wegen und anderen Formationen im Gelände: allesamt Zeugen der vergangenen Besiedlungsgeschichte, deren Spuren sich sichtbar an der Oberfläche wie auch verborgen im Erdreich finden.

So geht’s zum Burggraben:

Die ehemalige Burg befindet sich am Rande des Bayerischen Waldes zwischen Hof und Pillnach, oberhalb des Großen Perlbachs. Auf dem Weg hinauf zum „Schloßberg“ geht etwa 100 m vor dem höchsten Punkt ein Trampelpfad nach links. Dieser führt in Richtung der Hangkante, wo der tiefe Graben liegt. Im Referenzsystem WGS 84 sind die Koordinaten Latitude: 48.98095, Longitude: 12.48969.

14

Seifenblasen

Erinnerung an die Vergänglichkeit

Seifenblasen und ein Gottesacker – wie geht das zusammen? Eine, die es weiß, ist Barbara Heimerl. Was kein Wunder ist, denn kaum jemand kennt den Petersfriedhof so gut wie sie. Die Straubingerin macht auf einen ganz bestimmten Grabstein, auf dem Seifenblasen dargestellt sind, aufmerksam. Die Szenerie auf dem Friedhof erscheint beinahe unwirklich, gleicht einer Traumkulisse – nicht nur wegen der Seifenblasen. Während die moosbedeckten Gräber inmitten des lebendigen Grüns aus Bäumen und Efeu schweigend dem Verfall trotzen, fällt sanftes Licht durch die Baumwipfel und beginnt ein Spiel aus Licht und Schatten. „Das Bild des Friedhofs verändert sich jede Woche mit dem Licht und der vielen Flora“, schwärmt die Straubingerin.

Der Grabstein, neben dem sie steht, gehört einem Mitglied der Müllersfamilie Krempel. Der Vorname ist nicht mehr lesbar. Auf vielen Steinen ist der Efeubewuchs so stark, dass kein einziger Buchstabe mehr zu entziffern ist. Die ungehindert wachsende Natur verwandelt diesen Ort des Trauerns in einen friedlichen Hain, der zum Innehalten und Nachdenken einlädt. Da verwundert es nicht, dass Barbara Heimerl mit ihrer Familie gerne hier wohnt. Ja, ganz richtig: Seit 1994 leben die Heimerls im alten Mesnerhaus der Kirche inmitten des Friedhofs, der seit dem Ende des 19. Jahrhunderts für Bestattungen geschlossen wurde. Die Straubingerin kümmert sich um die Anlage, schließt jeden Morgen das Tor auf und sperrt es am Abend wieder zu. Das verbindet sie gerne mit einem Spaziergang. „Am schönsten ist es hier, wenn ich ganz für mich allein bin – ohne Besucher“, sagt sie. Denn Besucher gibt es viele, nicht nur wegen des romantischen Flairs, sondern auch aufgrund der zahlreichen historischen Objekte und überhaupt – des ganzen so geschichtsträchtigen Orts:

Nicht nur stand an der Stelle der Peterskirche bereits um 800 n. Chr. ein karolingischer Vorgängerbau, sondern in diesem Areal befand

Barbara Heimerl neben dem spätklassizistischen Grabstein nahe der Sakristei.

sich sogar das ursprüngliche Straubing: die frühmittelalterliche Siedlung „Strupinga". Erst als Ludwig I. (1174-1231) im Jahr 1218 die „neue Stadt" weiter westlich gegründet hatte, verlor der alte Ort an Bedeutung. Doch nicht so der Petersfriedhof. Da die für Straubing zuständige Kirche St. Jakob keinen eigenen Friedhof besaß und die Gottesäcker der Spitäler für die meisten Menschen keine echte Alternative boten, war und blieb der Petersfriedhof seit dem Mittelalter die bevorzugte Bestattungsstätte in Straubing. Eines der ältesten Gräber, eine gotische Steinplatte in der Totenkapelle, stammt aus dem Jahr 1363. Es ist das Grab der Straubingerin „Anna Ulein" – sie war die Frau des ehemaligen Besitzers des Eckhauses in der Steinergasse (siehe Geheimnis Quader).

Wenn Barbara Heimerl also den Friedhof für sich alleine hat, folgt sie den schmalen Fußpfaden, vorbei an den unterschiedlichsten Gräbern, an denen sich die künstlerische Entwicklung bis ins 19. Jahrhundert verfolgen lässt. Zahlreiche Grabplatten und Epitaphien finden sich eingelassen in der Friedhofsmauer, den Kapellen und der Kirche. Seit dem 17. Jahrhundert sind Sockelgräber mit eingefassten schmiedeeisernen Kreuzen belegt, in späterer Zeit große Steingräber. Diesen folgen im 19. Jahrhundert massive Gusseisenkreuze. Von den Holzkreuzen der einfachen Bevölkerung, die im frühen 19. Jahrhundert noch zahlreich existierten, findet sich heute allerdings keine Spur mehr.

„Einen Lieblingsstein habe ich nicht", sagt die Straubingerin, „es gibt hier einfach zu viele Kostbarkeiten." Die vielen Ruhestätten der Toten wirken harmonisch, wie abgestimmt, und doch besitzt jedes Grab einen individuellen Charakter. Eine dieser Kostbarkeiten, nahe der Sakristei, stellt Barbara Heimerl dennoch vor: Es ist ein Sockelgrab mit schmiedeeisernem Kreuz aus dem Spätklassizismus, entstanden um 1830. Den Rechtecksockel aus Sandstein flankieren Totenschädel mit vertikal verlaufenden Bändern. In der Mitte ein Wappenschild, in dem ein nackter Knabe sitzt. Er weist nach oben, während er mithilfe eines Stäbchens in seinem Mund kleine Kügelchen formt. „Das ist ein seifenblasender Genius", erläutert sie, „die Seifenblasen erinnern an die Vergänglichkeit des Lebens." Wie es für diese Zeit charakteristisch ist, zieren neben einfachem klassizistischem Dekor auch barocke

Schmuckformen die Reliefbilder. Ein beliebtes Thema des Barocks war die „Vanitas", die Vergänglichkeit alles Irdischen. In Allegorien des Todes findet dieser Gedanke vor allem auf Stillleben-Gemälden dieser Zeit Eingang. Dabei erinnern Symbole wie Totenschädel, Sanduhren oder erloschene Kerzen stets an die Endlichkeit des Lebens. Wie die Seifenblasen: So schön und gleichzeitig so fragil ist auch unsere Existenz.

Das Motiv des Genius, hier dargestellt in Form eines sitzenden Knaben, stammt aus der römischen Mythologie und stellt ein göttliches Prinzip dar, das einem Schutzgeist gleichkommt. Oft trägt er ein Füllhorn bei sich, hier lehnt es an seinem Rücken. Unterhalb des Wappenschildes ist ein Gesicht modelliert, aus dessen Mund scheinbar Schlangen zu entweichen versuchen. Möglicherweise soll es ein Gorgoneion darstellen – das abgeschlagene Haupt der Medusa, das im frühen Typus fratzenhaft dargestellt wird (siehe Geheimnis Medusa). Die Kombination aus Medusenhaupt und Schlangen verweist ikonografisch wiederum auf die Aigis, mit welcher der Genius ebenfalls gelegentlich dargestellt wird. Laut Homer, dem berühmten Dichter der Antike, handelte es bei der Aigis ursprünglich um ein Ziegenfell, das später als der legendäre Schild des Zeus neu interpretiert wurde, mit dessen Hilfe der Göttervater mächtige Gewitter heraufbeschwören konnte. Doch die Details auf dem Grabstein sind schwer zu erkennen, einige Teile der Darstellung sind bereits abgeplatzt. Der Zahn der Zeit nagt letzten Endes auch am Stein.

Ein seifenblasender Genius, dargestellt als Knabe, ziert das Relief des Sockels.

„Die Anlage musste wegen des Bevölkerungswachstums im 19. Jahrhundert und der folgenden Überbelegung schließen", erklärt die Bewohnerin. Trotz hygienisch schwieriger Umstände – die Ruhefristen der Gräber wurden wegen des Platzmangels nicht eingehalten – weigerten sich die Menschen lange, sich woanders bestatten zu lassen.

„Die Anlage musste wegen des Bevölkerungswachstums im 19. Jahrhundert und der folgenden Überbelegung schließen."

Denn die Alternative, der heutige Hauptfriedhof St. Michael, war schließlich nur für Arme, Selbstmörder und Hingerichtete, so die gängige Meinung zu der Zeit. Doch als die ersten Mitglieder der oberen Schichten begannen, sich auf dem vergrößerten Friedhof St. Michael bestatten zu lassen, wandelte sich die Einstellung der Straubinger und der Petersfriedhof schloss 1879 endgültig.

Dass die malerische Szenerie der Anlage so viele Besucher anlockt, überrascht kaum. Doch nicht jeder möchte hier wohnen: Die vorherigen Bewohner, so erzählt Heimerl, haben sich scheinbar nie richtig wohlgefühlt. Allerdings nicht wegen der Friedhofsstimmung, sondern wegen der vielen, teilweise aufdringlichen Touristen. Die würden auch heute bei den Heimerls immer wieder klingeln, so berichtet die Straubingerin. Nicht verwunderlich also, dass sie den Friedhof am liebsten nur mit dem seifenblasenden Knaben teilt.

So geht's zu den Seifenblasen:

Das Sockelrelief befindet sich zwischen der Sakristei und der Frauenkapelle im südöstlichen Teil des Friedhofs. Einfach dem Pfad vom Eingangsportal zur rechten Seite der Kirche folgen, dann ist der Grabstein nicht zu verfehlen.

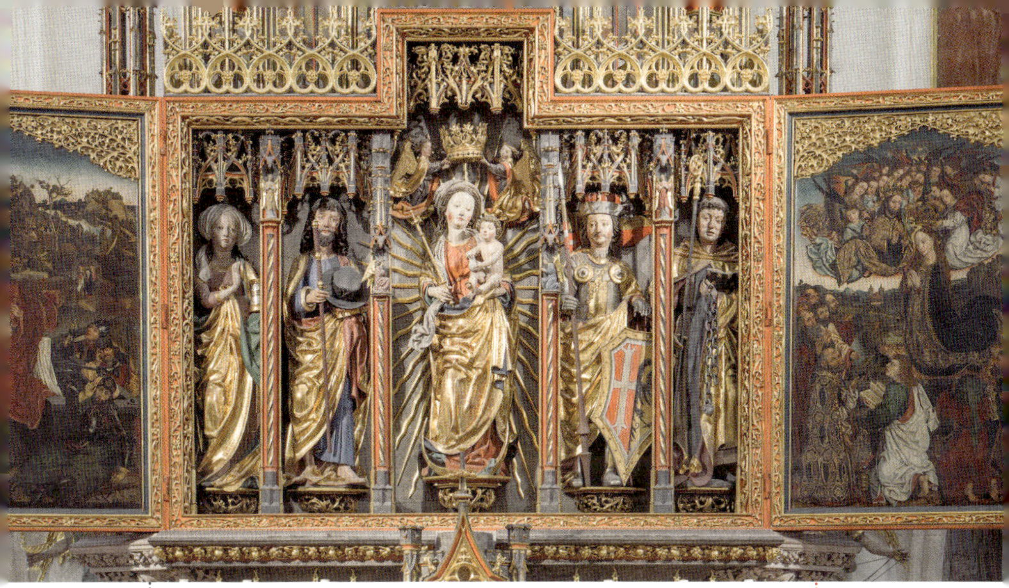

Im geöffneten Zustand sind die fünf Schreinfiguren mit Tiburtius an zweiter Position von rechts sichtbar.

15

Schreinfigur

Wem ein Schnurrbart wächst

„Das ist eine außergewöhnliche Kuriosität“, kündigt Heimatforscher Werner Schäfer an. Mesner Gerhard Brandl nickt zustimmend und geht zum Wandelalter, um dessen Flügel zu öffnen. Denn dahinter befindet sich das Geheimnis. Da das „Polyptychon“ bewegliche Tafelgemälde besitzt, kann der Altar sein Aussehen buchstäblich wandeln – in drei verschiedene Kombinationen. Auf der Werktagsseite, zu sehen vom Tag der Heiligen Drei Könige bis Lichtmess und von Christi Himmelfahrt bis Pfingsten, zieren vier Gemälde die Front. In der Fastenzeit, von Aschermittwoch bis Karsamstag, ist der Altar geschlossen und von zwei Gemälden bedeckt. „Während des restlichen Jahres präsentiert sich die Feiertagsseite, das heißt, die Flügel sind geöffnet und somit das Geheimnis sichtbar“, erklärt der Mesner. Er zieht sich blaue Schutzschuhe über und steigt auf die Altarplatte. Mit einem Greifarm klappt er die Gemälde behutsam nach außen. Dahinter offenbaren sich fünf Schreinfiguren.

Schäfer erklärt, dass man zunächst den Hintergrund des Altars kennen müsse, um das Geheimnis der Figuren verstehen zu können. Der Wandelaltar kam im Jahr 1591 aus Nürnberg nach Straubing. Dort hatte er ursprünglich als Hochaltarretabel der Dominikanerkirche St. Marien gedient und war dann in den Besitz des Augustiner-Chorherrenstifts St. Veit gelangt. Der Schöpfer des Prachtstücks ist dabei kein Unbekannter: Er stammt aus der Nürnberger Werkstatt des berühmten Malers Michael Wolgemut (1434-1519), Lehrer Albrecht Dürers (1471-1528). Nach Auflösung des Chorherrenstifts stand der Flügelaltar zum Verkauf und wurde von den Stiftsherren in Straubing erworben.

Werner Schäfer und Gerhard Brandl stehen vor dem Altar mit Werktagsseite.

„Der originale Schrein von 1486 beherbergte, wie auch der heutige, fünf Figuren. Von links nach rechts waren zu sehen: Maria Magdalena, Johannes der Täufer, Maria mit Kind, Katharina und der Heilige Dominikus", erzählt Werner Schäfer und zeigt auf die einzelnen Figuren. Als Verfasser der *Kunstgeschichte der Stadt Straubing* kennt er die Straubinger Denkmäler. Die Kirche St. Jakob und St. Tiburtius brauchte im Schrein diese beiden Titularheiligen und auch der Heilige Leonhard sollte einen Bezug zur ländlichen Umgebung schaffen.

Daher gab es nur eine Möglichkeit: Die Figuren mussten bildhauerisch umgestaltet werden. Ohne Bearbeitung blieben die Madonna mit Kind und Maria Magdalena. Johannes der Täufer, Katharina und der Heilige Dominikus mussten jedoch weichen. Die Attribute an den Figuren wurden kurzerhand ausgetauscht – Johannes der Täufer bekam einen Hut auf den Kopf sowie ein Buch und einen Pilgerstab in die Hand gedrückt und ging fortan als Heiliger Jakobus. Dem Heiligen Dominikus hängte der Bildhauer eine Kette um – so wurde er zum Heiligen Leonhard. Aber selbstredend sollte auch der Patron von Straubing, der Heilige Tiburtius, unter den neuen Figuren vertreten sein. Denn mit der Übertragung des Chorherrenstifts Pfaffenmünster nach St. Jakob im Jahr 1581 gelangte auch Tiburtius als neuer Patron nach Straubing. „So wurde aus Katharina der Heilige Tiburtius", sagt Schäfer und legt eine kunstvolle Pause ein, um dann fortzufahren: „Ganz genau, eine Geschlechtsumwandlung. Katharina hat einen Schnurrbart erhalten." Reste ihres einstigen Attributs, das Rad der Katharina, sind noch hinter dem neu angebrachten Schild zu sehen, das Tiburtius gemeinsam mit Lanze und Fahne erhalten hat. Wer also genau hinschaut, wird feststellen, dass die Gesichtszüge des Tiburtius doch recht feminin sind.

Nach der Umarbeitung der Figuren wurde das spätgotische Altarwerk 1670/71 abgebrochen, um Platz für einen kolossalen Barockaltar zu schaffen, dessen Nutzung wiederum im 19. Jahrhundert ein Ende fand. Die Reste des originalen Altars aus der Spätgotik fanden schließlich Eingang in einen neuen Altar nach Entwurf des Regensburger Domvikars Georg Dengler (1839-1896).

„Am Altar gibt es übrigens ein weiteres Geheimnis", verrät Schäfer, „auf dem Gemälde *Darbringung des Kindes im Tempel* von Wolgemut sieht man im offenen Ausblick einen Teil der Burgstraße und die Nürnberger Burg." Der Lage wegen könnte die Aussicht sogar dem Blick aus dem Fenster in der Wohnung seines Schülers Albrecht Dürer entsprechen. Zu sehen ist das Detail auf dem Gemälde links außen, wenn sich die Werktagsseite präsentiert. So lohnt sich der Gang in die Basilika also jederzeit, denn am Altar gibt es immer etwas zu entdecken – an Werktagen, Feiertagen oder während der Fastenzeit.

So geht's zur Schreinfigur:

Die Figur befindet sich im Hochaltar in der Basilika St. Jakob. Wenn die Altarflügel geöffnet sind, ist Tiburtius an zweiter Stelle von rechts zu sehen.

16

Jüdischer Grabstein

Ein Denkmal aus einer anderen Stadt

Wer aufmerksam durch die Rosengasse spaziert, hat sie vielleicht schon einmal bemerkt, die in einer Hauswand eingelassene Steinplatte. Hebräische Schriftzeichen bedecken die Front – und wer sie lesen und übersetzen kann, erfährt, dass es sich dabei um einen jüdischen Grabstein handelt. „Hinter dem Denkmal stecken viele Geheimnisse", sagt Historiker Guido Scharrer, „aber auch Gerüchte und Fehldeutungen."

Dass die Straße mit Juden in Zusammenhang gebracht wird, liegt nicht nur an dem Grabstein. Bis etwa 1830 hieß der vordere Abschnitt der Rosengasse – von der Steinergasse bis zum Viktualienmarkt – nämlich Judengasse. Erstmals quellenmäßig belegt, tauchten jüdische Spuren schon 1307 auf. Wie auch an anderen Orten fielen Juden im Laufe der Geschichte immer wieder Vertreibungen und Ermordungen zum Opfer. Besonders 1338 eskalierten die Verfolgungen. Wegen einer erfundenen Hostienschändung in Deggendorf verbreiteten sie sich wahrscheinlich in mehr als 20 umliegenden Städten, vor allem auch in Straubing. Es wurde gebrandschatzt und getötet. In diesem Zusammenhang macht Guido Scharrer auf ein weitverbreitetes Missverständnis aufmerksam: „Ein abgeschlossenes Judenviertel mit großer Synagoge, Schule und dergleichen – wie viele es denken – gab es nicht." Dieser Irrtum beruhe darauf, dass der Begriff *Synagoge* im ursprünglichen Sinn einen Mehrzweckraum bezeichnet, der auch als Schule und für weltliche Angelegenheiten genutzt wurde. „Die Synagoge als Unterrichtsraum", erklärt er, „kann sich also auch in einem Wohnhaus befunden haben." Dass in diesem Areal Juden gewohnt haben, sei aber keineswegs anzuzweifeln. „Neben der Schule gab es offensichtlich auch einen Betraum und vielleicht ein rituelles

> ***„Ein abgeschlossenes Judenviertel mit großer Synagoge, Schule und dergleichen – wie viele es denken – gab es nicht."***

Guido Scharrer steht neben der Replik des hebräischen Grabsteins in der Rosengasse.

Bad, jedoch kein Ghetto." Abgesondert wurden die Juden dennoch, schließlich wohnten sie entlang der Stadtmauer. Wie auch immer die jüdische Bevölkerung hier gehaust und gearbeitet hatte – es war nicht für lange Zeit. Denn die Juden, die nach den überlieferten Pogromen von 1298, 1338 und 1348/49 in die Stadt zurückgekehrt waren, wurden schließlich durch Herzog Albrecht III. (1401-1460) im Jahr 1442 endgültig aus Straubing verbannt.

Naheliegend, mag man nun denken, dass sich in dieser Straße, in der einst jüdisches Leben existierte, ein jüdischer Grabstein befindet. Doch weit gefehlt, denn die Kalksteinplatte steht nicht in Zusammenhang mit den Juden, die hier vor ihrer Vertreibung durch den Herzog lebten: „Im jüdischen Glauben ist es zu keiner Zeit Tradition gewesen, Grabsteine in Häuser zu verbauen", merkt der Historiker an. Wann, wie – und vor allem warum kam der Stein dann hier her? „Zunächst muss gesagt werden, dass es sich dabei nicht um das Original handelt", fährt der Straubinger fort. Wegen der aggressiven Umwelteinflüsse wurde er schon vor Jahrzehnten durch eine originalgetreue Replik ersetzt. Das restaurierte Original befindet sich heute im Gäubodenmuseum. Besonders ist das Relikt auch deswegen, weil es kaum Exemplare dieser Art gibt. „Die damaligen Analysen", so fährt Scharrer fort, „brachten jedoch das eigentliche Geheimnis zutage: Der Grabstein war ursprünglich die Hälfte eines christlichen Sarkophagdeckels aus dem 10. Jahrhundert!" Darauf verweisen auf der Rückseite – und daher leider nicht sichtbare – romanische Elemente sowie die Darstellung eines verkürzten Lebensbaums, der als christliches Symbol gilt. Dieses Fragment wurde in späterer Zeit umgearbeitet – zum jüdischen Grabstein. Denn die hebräische Inschrift, die einst sogar farbig war, besagt, übersetzt, laut Scharrer: *Die Krone unseres Hauptes ist gefallen durch das Verscheiden unseres Vaters, des Herrn Azarja, des Sohnes des Herrn Hosea, der gegangen ist in seine Ewigkeit am Abend des Schabbat (am) 26. im Monat Ijjar des Jahres 88 nach der Zeitrechnung des 6. Jahrtausends.* Die Platte wurde also, nach unserer Zeitrechnung, 1328 als Grabstein des Azarjah ben Hosea neu

„Der Grabstein war ursprünglich die Hälfte eines christlichen Sarkophagdeckels aus dem 10. Jahrhundert."

bearbeitet. Solche Wiederverwendungen stellen wegen des hohen Materialwerts keine Seltenheit dar.

Was aber macht dieser Stein an einer Hauswand in Straubing? „Da wird es spekulativ", sagt der Kenner jüdischer Geschichte. „Wahrscheinlich wurde er im frühen 16. Jahrhundert aus Regensburg nach Straubing gebracht – als Trophäe des Pogroms gegen die jüdische Bevölkerung im Jahr 1519." Wegen des hohen Gewichts des Steins, der eine Tiefe von 30 Zentimetern besitzt, transportierten ihn die Plünderer vermutlich mit dem Schiff auf der Donau. Warum er in einer Hauswand in Straubing verbaut wurde, ist ungeklärt. Es wäre aber möglich, dass es eine Zurschaustellung der in Regensburg geraubten Beute war.

Mit dem Bayerischen Judenedikt von 1813 war es den Juden in späterer Zeit wieder erlaubt, sich hier niederzulassen – bis sie erneut ihr Recht auf Existenz verloren, als im Dritten Reich die systematische Vernichtung der jüdischen Bevölkerung begann und nur drei jüdische Mitbürger von 110 (im Jahre 1933) nach Straubing zurückkehrten. Heute zählt die Israelitische Kultusgemeinde Straubing/Niederbayern etwa 800 Mitglieder. Die 1907 errichtete Synagoge befindet sich südlich des Stadtzentrums – und diese ist ein Prachtbau, der nicht nur wegen seines geschichtlichen Hintergrunds bedeutend ist, sondern aufgrund seiner künstlerischen neuromanischen Gestaltung, kombiniert mit Ornamenten des Jugendstils, ein wertvolles Denkmal und zugleich ein Mahnmal. „Übrigens die einzige Synagoge in ganz Niederbayern", ergänzt Guido Scharrer. Sie wurde in der Reichspogromnacht 1938 zwar geschändet und verwüstet, aber nicht zerstört.

So geht's zum jüdischen Grabstein:

Die in der Hauswand eingebaute Platte befindet sich in der Rosengasse 14, im Abschnitt zwischen der Steinergasse und Flurlgasse.

cafebar
HOLGER FRISCHHUT SCHORNSTEINFEGER MEISTERBETRIEB
Holger Frischhut
HOLGER FRISCHHUT SCHORNSTEINFEGER MEISTERBETRIEB

Bruder Straubinger

Ein Mann mit vielen Berufen

Freundschaftlich lehnt sich Holger Frischhut an die Bronzestatue des Bruder Straubinger. Beide sind stadtbekannt, schließlich repräsentiert der Schornsteinfeger seit 1995 die literarische Figur „Bruder Straubinger" beim traditionellen Festauszug des alljährlichen Gäubodenvolksfests. Der Agnes Bernauer Festspielverein habe ihn damals gebeten, die Rolle zu übernehmen, berichtet Holger Frischhut. Doch wieso wird die Figur des Bruder Straubinger eigentlich mit einem Kaminkehrer assoziiert? Abgesehen von der Kopfbedeckung sieht die Bronzefigur mit Biedermeiertracht und Wanderstock doch gar nicht aus wie ein Schornsteinfeger! Und was hat es mit dem Tierchen auf sich, welches von der Miniaturhand am Ende des Wanderstocks festgehalten wird?

„Eigentlich", erklärt Holger Frischhut, „ist der Bruder Straubinger ein Handwerker." Das literarische Original *Gott grüß dich, Bruder Straubinger*, das Anfang des 19. Jahrhunderts verfasst wurde, stammt vom Landshuter Medizinstudenten und Dichter Carl Theodor Müller (1796-1873). Darin klagt ein ehrbarer Handwerker einem Kollegen, wie er von Studenten geärgert wird und deshalb auf Wanderschaft geht. Wegen seiner recht derben Wortwahl wurde der Dichter auch „Saumüller" genannt: *„Und wiederum ein andermal / Da stand ich Nachts um zweye / Vor ihrem Kammerfenstrigen / Und schwur ihr Lieb und Treue. / Da öffnet sich ganz Mäuselstill / Ein Fenster ober ihren, / Ein Nachtopp goß sich für mich aus / Da stank ich zum krepiren."* Der Unglücksbursche, der in diesen Zeilen nichts anderes will, als seiner Holden die Liebe zu gestehen, ist in dem Trinklied also ein Handwerker.

Der Dichter veröffentlichte seinerzeit einige Versionen des Liedes mit jeweils leicht geänderten Textzeilen. Seine Figur findet sogar Eingang in die gleichnamige Operette von Edmund Eysler. Doch der Ruf des Protagonisten verschlechterte sich in den Werken des 19. Jahrhun-

In Straubing kennt sie jeder: den Kaminkehrer Holger Frischhut und den Bruder Straubinger.

derts zunehmend, aus dem fleißigen Arbeiter wurde ein Lumpensammler und Schmarotzer. „Die Bronzestatue, die 1962 zum 150-jährigen Jubiläum des Gäubodenvolksfests aufgestellt wurde, stammt von Karl Tyroller. Der hat sich dabei an einer weiteren Version orientiert", erklärt der Darsteller des Bruder Straubinger. Als Vorlage diente die Bilderbuch-Ausführung von 1910, erschienen im Attenkofer'schen Verlag (siehe Geheimnis Eule). Darin wird die Geschichte des Handwerkers „Hans" im Biedermeierstil erzählt. „Als Bub beginnt er einige Lehren, doch er ist ein ‚Taugenichts', weswegen ihn sein Vater fortschickt", gibt Holger Frischhut die Erzählung wieder. Unterwegs geht dem Burschen das Geld aus, die Kleidung wird löchrig und er muss schauen, wo er bleibt: *„Bald war Hans Laternenanzünder, / Lumpensammler, Besenbinder, / Kellner, Rattenfänger, Koch, / Bald so manches and're noch. / Kegeljunge, Zeitungsträger, / Straßenkehrer, Schornsteinfeger, / Ja sogar als Kinderfrau / Trug er einmal sich zur Schau!"* Weil der Bruder Straubinger in dem Bilderbuch also auch einmal als Schornsteinfeger arbeitet, sprach der Festspielverein damals den Kaminkehrer Holger Frischhut an, um seine Rolle auszufüllen. Da er seit so vielen Jahren beim großen Festzug mitläuft – als einzige Einzelperson überhaupt – assoziierte man den Handwerksburschen im Laufe der Zeit immer mehr mit dem Kaminkehrer. Man könnte also sagen: Holger Frischhut höchstpersönlich hat den Wandel vom Handwerksburschen zum Kaminkehrer bewirkt.

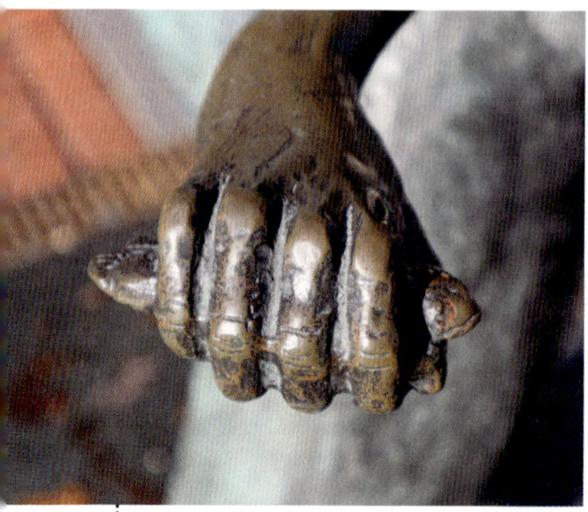

Die Miniaturhand am Ende des Wanderstocks hält einen kleinen Fisch.

Dass der Bruder Straubinger eigentlich Handwerker und nicht Kaminkehrer ist, erklärt auch die Sache mit dem Tier am Ende des Stockes, auf dem sich bei genauer Betrachtung Schuppen und Flossen erkennen lassen. „Der Fisch", sagt Holger Frischhut, „deutet an, dass der Bruder Straubinger auf Wanderschaft gegangen ist. Seine Wegzehrung ist längst verbraucht, und nun muss er sich mit dem, was er am Wegesrand findet, begnügen." Das Tier hat der Wanderbursche vermutlich aus dem Teich gefischt, der sich unweit auf dem Grünstreifen parallel zum Stadtgraben befindet: Denn in eben diesem stand die Statue des Bruder Straubinger vor der Neugestaltung des Steiner-Thor-Platzes 2005, wo heute eine Plastik im Scherenschnitt-Stil an den ehemaligen Aufstellungsort erinnert. Der Stock weist eine andere Farbe auf, da er vor einiger Zeit verschwunden war und durch einen neuen ersetzt wurde.

Die Version des Bilderbuchs beschert dem Bruder Straubinger glücklicherweise ein Happy End. Als erfahrener Abenteurer und reifer Mann kehrt er nach Hause zurück und wird zum liebevollen Familienvater. Vielleicht eine weitere Parallele zu Holger Frischhut, denn auch er habe anfangs nicht viel mit sich anzufangen gewusst, erinnert er sich. Sein Vater legte ihm damals nahe, wie er selbst Kaminkehrer zu werden. „Dann ging es immer weiter nach oben", schildert er seinen Werdegang, „obwohl ich das gar nicht so geplant hatte!" Viel Zeit verbrachte der Kaminkehrer also nicht nur auf den Leitern hinauf zu den Dächern, sondern auch auf der Karriereleiter: Er machte seinen Meister, unterrichtete Auszubildende, gründete seinen eigenen Betrieb. Seit 2008 ist er sogar im Stadtrat.

„Übrigens", merkt der Schornsteinfegermeister an, „die erste Version des Trinklieds von Müller hieß *Ey grüß dich Broder Strasburger*. Ob es in den nachfolgenden Versionen ein Druckfehler war oder er sich bewusst für einen anderen Namen entschied, weiß man allerdings nicht mehr." Fest steht, dass in Straubing der Kaminkehrer und „sein" Bruder Straubinger untrennbar sind. „Und wer hat schon zu Lebzeiten ein Bildnis von sich?", scherzt Holger Frischhut.

So geht's zum Bruder Straubinger:

Die Bronzestatue steht zentral auf dem Steiner-Thor-Platz. Der alte Aufstellungsort befindet sich wenige Meter westlich in dem Grünstreifen neben dem Stadtgraben.

18

Alter Schlachthof

Einst der modernste seiner Art

Es überraschen Formulierungen wie „Pionierbau“ oder „Musteranlage“, die den großen Gebäudekomplex in der Heerstraße beschreiben, in dem sich heute unter anderem ein Kultur- und Jugendzentrum befindet. Dabei geht es allerdings nicht um die Fassade oder die Architektur des Bauwerks, sondern darum, welchem Zweck es einst diente: „Es handelt sich um einen ehemaligen Musterschlachthof, kurzfristig einen der modernsten Schlachthöfe Europas, wenn nicht gar der Welt“, erklärt Guido Scharrer.

Anlass für den Bau waren die untragbaren hygienischen Zustände der Fleischbänke in der Spitalgasse, der dortige Platzmangel – da sich im Laufe des 19. Jahrhunderts die Einwohnerzahl Straubings verdreifacht und der Bedarf entsprechend vergrößert hatte – und das gesteigerte bürgerliche Verlangen nach besseren „Wohlfahrtseinrichtungen“. Deshalb wurde diese neue Musteranlage im Stil der Neorenaissance, aber mit neuesten Techniken geplant, gebaut und Ende November 1899 eröffnet. Ihre Ausmaße sind erstaunlich: „Auf etwa 15.000 Quadratmetern verteilten sich Ställe und Schlachthallen für verschiedenes Vieh, Nebenräume sowie ein Verwaltungsgebäude. Sogar Gärten wurden um die Gebäude herum angelegt“, erläutert der Historiker, „und vorübergehend ein kleines Elektrizitätswerk errichtet.“ Doch nicht nur die Größe machte den Komplex einzigartig: „Ein entscheidendes Novum war ein modernes Kühlhaus, das für eine bedeutend bessere Qualität sorgte. Das Fleisch wurde schmackhafter und zarter.“ Begehrt war sogar das dort produzierte Eis, das in Form von 25-Pfund-Blöcken erworben werden konnte, auch von lokalen Betrieben.

Einen weiteren bedeutenden Schritt in die Moderne stellte der „humanere“ Umgang mit den Tieren dar. Bestimmungen verlangten, dass bereits bei der Beförderung zum Schlachthof das Vieh nicht gehetzt werden durfte. „Heftiges Zerren an Seilen, Schlagen mit Knit-

Guido Scharrer steht vor der „Perle“ der Anlage – dem ehemaligen Wasserturm mit der Kühlhalle.

teln oder andere Quälereien mussten vermieden werden", erklärt der Straubinger. Auch das Töten der Tiere sollte anders erfolgen als bisher: vorsichtig, schnell und nach erfolgreicher Betäubung. Erst nach Eintreten des sicheren Todes durfte weiterverarbeitet werden. Der äußerst engagierte Direktor Dr. Hugo Heiss (1863-1936), der dort 30 Jahre schaltete und waltete und als internationaler Experte galt, hatte dazu das Bolzenschussgerät erfunden.

„Heftiges Zerren an Seilen, Schlagen mit Knitteln oder andere Quälereien mussten vermieden werden."

Nicht nur landesweit erfuhr die Anlage größte Aufmerksamkeit und Wertschätzung. In variierter Art und Weise wurde sie Anfang des 20. Jahrhunderts in Tsingtau (das heutige Qingdao), der Hauptstadt der damaligen deutschen (Handels-)Kolonie in China, nachgebaut. So entstand der erste Reichsschlachthof im „Deutschen Hongkong", das eigentlich ein Flottenstützpunkt am „Gelben Meer" war.

Doch der Erfolg des neuen Schlachthofs in Straubing währte nicht ewig: 1984 musste er seine Tore schließen, die Nebengebäude wurden abgerissen. Geblieben ist von dem einstigen Pionierbau neben den drei großen Haupthallen auch die „Perle" der Anlage, der Wasserturm. Die Kühlräume wurden zu einem Theater umgebaut, die Rinderschlachthalle zu einer Ausstellungsgalerie und einer „Schule der Phantasie": Repräsentant des einst für kurze Zeit modernsten Schlachthofs überhaupt.

So geht's zum alten Schlachthof:

Der ehemalige Musterbau, in dem sich heute ein Kulturzentrum befindet, liegt in der Heerstraße 35.

Bürgermeisterin Barbara Unger stellt den Brunnen von Willi Kaiser vor, der damals die Ausschreibung gewann.

19

Brunnen

In Stein gemeißelte Geschichte

„Es ist immer viel zu tun", sagt Bürgermeisterin Barbara Unger, „die Gegenwart hält stets neue Herausforderungen bereit." Aber beschweren wolle sie sich nicht, ergänzt sie, denn sie mache ihren Beruf gerne. Auch beinhalte ein großer Teil ihrer Tätigkeit schöne Aufgaben. So erinnert sie sich an den Sommer 1993, als im Zuge der Dorfplatzerneuerung und Flurbereinigung zwischen 1980 und 2000 eine Ausschreibung darüber entscheiden sollte, wer den Brunnen, der noch heute auf dem Platz steht, gestalten darf. Als Mitglied in der Jury hatte sie ebenfalls eine Stimme.

Der erste Platz ging an den Entwurf des Künstlers Willi Kaiser. Nicht nur das ansprechende Design, sondern auch die Botschaft waren entscheidend. In Feldkirchen kennt man den Steinmetz gut, beispielsweise stammt die Urnenwand am Friedhof von ihm. „Er selbst sieht sich als Künstler des Groben, der die rohe Kunst liebt", erzählt die

Bürgermeisterin. Jeder aus Feldkirchen kennt sicherlich den Brunnen vor der Kirche – doch was hat es eigentlich mit den darauf dargestellten Getreideähren und den Häusern auf sich? Zeigen diese Details den Ort und sein fruchtbares Land?

Für den Brunnenentwurf setzte sich Willi Kaiser intensiv mit der Vergangenheit des Dorfes auseinander und veranschaulichte die Meilensteine der Regionalgeschichte in einer ausdrucksvollen Bildsprache. Alles beginnt am hinteren Ende des Brunnens – mit dem unbearbeiteten Land. In einem fließenden Übergang setzen tiefe Pflugspuren ein, welche die Sesshaftwerdung der Menschen durch den Anbau von Feldfrüchten im fruchtbaren Gäuboden symbolisieren. So wie das Getreide gedeiht, so wächst auch die Gemeinschaft. Auf dem gepflügten Land entstehen kleine Weiler, dann Siedlungen und Städte, die sich bis zum vorderen Teil des Brunnens erstrecken. Das große Wasserbecken mit barockem Schmuckband verkörpert die Ankunft in der Neuzeit, der Gegenwart.

Die Siedlungsgeschichte endet hier natürlich nicht, ständig werden neue Häuser gebaut und neue Flächen erschlossen. „In jedem Neubaugebiet finden wir archäologische Spuren im Boden“, sagt Barbara Unger, „die ganze Erde steckt voller Geschichte.“ Viele Funde gehören der bronzezeitlichen Glockenbecherkultur an, die um 1800 v. Chr. als „Straubinger Gruppe“ eine regionale Variante aufweist. Dass die Form des Brunnenbeckens an einen Topf dieser Kultur erinnert, ist laut dem Künstler allerdings nur Zufall. Die Bürgermeisterin ruft sich ihre Teilnahme in der Jury ins Gedächtnis. „Ich erinnere mich noch genau, dass der Entwurf von Willi Kaiser mit großer Mehrheit ausgewählt und mit dem ersten Platz belegt wurde“, sagt sie, „es war auch mein Favorit.“

So geht’s zum Brunnen:

Der Brunnen befindet sich auf dem Dorfplatz in Feldkirchen direkt vor der Kirche.

Geologe Gerhard Lehrberger stellt eine Variante des Adneter Kalksteins vor, den „Rottropf".

20

Säule

Weiße Tropfen in rotem Stein

Unweigerlich zieht die Dreifaltigkeitssäule auf dem Theresienplatz, ein Denkmal aus der Zeit des Barock, den Blick der Vorübergehenden auf sich. Der Anlass für die Errichtung der Säule steht, wie vielleicht nicht jeder weiß, im Zusammenhang mit dem Spanischen Erbfolgekrieg (1701-1714). Was vielen auch unbekannt sein mag, ist, dass das Ehrenmal nicht nur ein historisches, sondern auch ein erdgeschichtliches Ereignis bezeugt, dessen Dauer allerdings andere Maßstäbe erforderlich macht.

Bleiben wir zunächst im überschaubaren Bereich der vergangenen Jahrhunderte: Nachdem der letzte spanische Habsburger, Karl II. (1661-1700), kinderlos verstorben ist, tritt der Bourbone Philipp V. (1683-1746), Enkel des französischen Königs Ludwig XIV. (1638-

1715), Karls Erbe an. Der Habsburger Kaiser Leopold I. (1640-1705) jedoch vertritt seine eigene Erbfolge und erklärt Frankreich 1702 den Krieg. In seinem Vorhaben erhält er Unterstützung von England, den Niederlanden, Portugal und den deutschen Reichsfürsten – mit Ausnahme des bayerischen Kurfürsten Max II. Emanuel (1662-1726), der sich auf die Seite Frankreichs schlägt. So kommt es, dass Straubing 1704 von kaiserlich-österreichischen Truppen belagert wird. Die Bürgerschaft gelobt daher, „der Allerheyligsten Dreifaltigkeit, dem dreyeinigen Gott" eine steinerne Ehrensäule zu errichten, um so die Gefahren des Krieges abzuwenden. Doch noch im selben Jahr fällt die Stadt in die Hände der Belagerer. Die Straubinger stellen 1709 das Denkmal auf, obwohl die Stadt noch immer von den Österreichern besetzt ist, die erst nach Ende des Krieges im Jahr 1714 abziehen.

Doch nun zum Material, aus dem die Säule besteht und das uns als Fenster in die erdgeschichtliche Vergangenheit seine ganz eigene Geschichte erzählt. Der gebürtige Straubinger und Diplomgeologe Dr. Gerhard Lehrberger weiß, welche zeitlichen Dimensionen sich hinter den in der Säule verbauten Gesteinen verbergen. Er zeigt auf die feinen Linien und die weißen, rundlichen „Tropfen", die besonders im rötlichen Sockel zu sehen sind. „Solche Details verraten viel über die Entstehung und Herkunft des Materials", erklärt der Mitarbeiter an der Technischen Universität München. „Als das Denkmal errichtet wurde", erläutert der Geologe, „sah es wegen der Politur der Oberflächen viel farbiger aus. Es gab einen deutlichen Kontrast zwischen den hellbeigen Statuen und dem tiefroten, polierten Gestein der restlichen Bauteile. Die beigefarbenen Figuren und das Stadtwappen an der Westseite des Denkmals bestehen aus Untersberger Kalkstein; Sockel, Baldachin, Teile der

Die Überreste der Korallen erscheinen im Gestein punktförmig oder in Form von astartigen Verzweigungen.

Balustrade und die Säule hingegen aus Adneter Kalkstein, der sich wegen seiner Rotfärbung vor allem im Barock großer Beliebtheit erfreute.“ Im Laufe der Zeit wurden allerdings einige der Bauteile durch andere Materialien ersetzt – doch die Säule und der zentrale Sockel bestehen noch immer aus dem Adneter Gestein, das aus der gleichnamigen Gemeinde im Salzburger Land stammt. Es handelt sich dabei um einen Kalkstein, der in unterschiedlicher Farbgebung und Musterung vorkommt. Eine Variante ist der „Rottropf“, der aus einer rötlichen Grundmasse mit hellen, tropfenförmigen Flecken besteht. „Die weißen Punkte“, fährt Lehrberger fort, „sind Anschnitte von fast komplett erhaltenen Stöcken verzweigter Korallen.“ Auf der Säule und den Platten am Sockel sind sie in Form von astartigen Verzweigungen zu sehen, besonders gut vor allem dann, wenn die Bauteile durch Regenfälle nass geworden sind. Diese Korallen, im Gestein aus dem Salzburger Land verewigt, bezeugen das riesige Meer, das sich einst dort befand.

Vor rund 200 Millionen Jahren, als die Erde noch aus dem Superkontinent Pangäa bestand und mit dem heutigen Erscheinungsbild nichts gemein hatte, existierte im Osten eine gewaltige Bucht, in der das Tethysmeer lag. Mit der beginnenden Teilung der Landmasse in die Kontinente Laurasia und Gondwana folgten Klimaveränderungen, wodurch es feuchter und tropischer wurde. Das Tethysmeer, das „urzeitliche Mittelmeer“, prägte vor allem im europäischen Raum entlang der Kontinentalränder flache Randmeere aus, sogenannte Schelfe. Von dem einstigen Schelfmeer haben sich durch Kalkabscheidung vereinzelt Spuren tierischer Lebewesen – wie Korallen – erhalten. In einem Jahrmillionen andauernden Prozess entstanden mächtige Sedimente, die Kontinentalplatten verschoben sich und die Geburt der Alpen begann. Dort, wo einst ein Meer voller Organismen lag, entstand das Hochgebirge, die verschiedenen Gesteinsschichten belegen seine lange Entstehungsgeschichte. „Nicht nur die Korallen zeugen von dem einstigen Meer, sondern auch die Ammoniten auf den Treppen des Denkmals“, ergänzt Gerhard

„Nicht nur die Korallen zeugen von dem einstigen Meer, sondern auch die Ammoniten auf den Treppen des Denkmals.“

Lehrberger (siehe Geheimnis Ammoniten). Die Säule, fährt er fort, sei besonders beeindruckend, weil sie – wie ein riesiger Bohrkern aus dem versteinerten Riff – einen Blick von allen Seiten ermöglicht.

So wie die Korallen im Gestein die Erdgeschichte bezeugen, überliefern die einzelnen Bauteile auch die Arbeiten historisch bedeutender Künstler: Die 18 Meter hohe Ehrensäule mit Darstellung der Dreifaltigkeit stammt vom Bogener Bildhauer Johann Gottfried Frisch (1656-1732), die Verkündigungsgruppe vom Salzburger Meister Bernhard Mandl (um 1660-1711) und der frontal angebrachte Heilige Michael vom Bildhauer Franz Mozart (1681-1732), dem Großonkel des berühmten Komponisten Wolfgang Amadeus Mozart (1756-1791).

Das Gelöbnis der Bürger *vor* dem Spanischen Erbfolgekrieg half allerdings nichts gegen die Besetzung durch die österreichischen Truppen im Jahr 1704 – so scheint es. Vielleicht entfaltete das Denkmal ja erst *nach* seiner Errichtung seine Wirkung: Im Zuge des Österreichischen Erbfolgekrieges, als Truppen weite Teile Bayerns erobert hatten, belagerten diese 1742 und 1743 erneut die Stadt – doch die Ehrensäule wirkte Wunder, denn in den beiden Jahren konnten sich die tapferen Straubinger erfolgreich gegen die Besatzer zur Wehr setzen.

So geht's zur Säule:

Die Dreifaltigkeitssäule befindet sich zentral auf dem Theresienplatz und ist aufgrund ihrer Höhe leicht zu erkennen.

Dorit-Maria Krenn bewundert den kleinen Drachen an der Konsole des Kapellenerkers.

21

Drache

Fabelwesen, Ungeheuer und Wappentier

Viele Sagen und Legenden erzählen von Drachen, magischen Wesen, und beschreiben sie als schlangenartige Kreaturen, zuweilen mit dem Kopf eines Krokodils oder Löwen, meist mit vier, manchmal auch mit nur zwei Füßen. Geläufigere Darstellungen zeigen sie als geschuppte Flügelwesen mit mächtigen Klauen und einem feuerspeienden Schlund. Der Drache: ein mythologisches Geschöpf, von dem viele Menschen bis in die Neuzeit glaubten, es habe tatsächlich existiert. In Kinderbüchern erlebt er – ganz wie der berühmte Drache Fuchur in Michael Endes *Die unendliche Geschichte* – als liebenswerter, hilfsbereiter und kluger Gefährte gerade eine Renaissance. Dass sich an der Ostseite des eindrucksvollen Herzogsschlosses – genauer: an der Konsole des Kapellenerkers – ein solches Wesen verbirgt, begeistert Dorit-Maria Krenn, auch, weil sie ihrer Enkelin immer wieder Geschichten vom „kleinen Drachen Kokosnuss" vorliest. Als Stadtarchivarin im benachbarten Salzstadel, in dem sich ihr Arbeitsplatz befindet, kommt Frau Dr. Krenn öfters an den Außenmauern des riesigen Gebäudekomplexes und damit auch an dem Ungeheuer vorbei.

Ein Drache, dargestellt an einer Herzogsresidenz – das klingt erst einmal nicht ungewöhnlich. Schließlich zierten diese Kreaturen im Mittelalter häufig Standarten und Wappen als Herrschaftssymbol. „Dass das Wesen an der Konsole – dem tragenden Bauteil des Kapellenerkers – angebracht ist", schmunzelt die Archivarin, „birgt jedoch eine gewisse Ironie." Einerseits sind Drachendarstellungen in Kirchen nichts Außergewöhnliches, sei es als Portalfiguren oder auf Wandmalereien: Ein beliebtes Motiv zeigt beispielsweise den Heiligen Georg, wie er den Drachen tötet. In diesem Zusammenhang verkörpert das Ungeheuer „das Böse", also den Teufel, dem Georg den Garaus macht. Aber an der Konsole als tragendem Bauteil des Kapellenerkers spielt der Drache eine andere Rolle: Das kleine Gotteshaus wird von ihm – also sozusagen vom Leibhaftigen selbst – mit getragen. Oder wird es sogar von ihm beschützt? Sagt man dem Drachen doch auch Stärke und Wachsamkeit nach.

„Dass das Wesen an der Konsole – dem tragenden Bauteil des Kapellenerkers – angebracht ist, birgt jedoch eine gewisse Ironie."

Dass unser kleiner Drache jedoch gar nicht gefährlich, sondern eher unscheinbar daherkommt, passt zum Rest des Schlossbaus. Denn vielen Straubingern ist vermutlich gar nicht bewusst, dass sich an der Ostseite des Schlosses – dort, wo die Brücke aus der Stadt führt – ein Erker befindet, der zu der Kapelle im Innenhof gehört. Getragen wird der Anbau auf allen drei Seiten von Konsolen. Die linke Flanke ist ohne Dekor, die mittlere Stütze schmückt eine Verzierung und auf der rechten Seite befindet sich der kleine Drache. Diesem schenken vorbeigehende Passanten wenig Aufmerksamkeit. Kein Wunder, denn erst bei genauer Betrachtung lassen sich das vornüber gebeugte Köpfchen, der gekrümmte Rücken mit bis zum Schwanz herabführenden Knochenplatten sowie der angewinkelte Hinterfuß erkennen. Einige Details der Steinfigur sind wegen der fortschreitenden Verwitterung allerdings nicht mehr zu erkennen, was an ihrem ungeheuren Alter liegen mag: Die Kapelle ist eines der ältesten Bauteile des 1356 von Albrecht I. (1336-1404) in Auftrag gegebenen Herzogschlosses – und damit hat der kleine Drache schon einige Jahrhunderte auf seinem steinernen Buckel.

Solche gotischen Erker, auch Kapellenchörlein genannt, dienten als Altarräume. Und da der Bau von Wohnräumen über dem Altar ein Verstoß gegen die Kirchenordnung gewesen wäre, umgingen die Bauherren das Problem, indem sie den Altar mithilfe des Erkers in den Bereich außerhalb der Mauer verlegten.

„Vergleicht man das Herzogsschloss mit anderen Residenzen, erscheint es von außen recht unauffällig, vor allem, wenn man die über 650-jährige Geschichte bedenkt", merkt Dorit-Maria Krenn an. „Der Ursprung des Schlosses reicht zurück in die Zeit des Herzogtums Straubing-Holland, das 1353 begründet worden war. Es umfasste die Herrschaftsgebiete weit im Norden – den Hennegau, Holland, Seeland und Friesland – sowie das nordöstliche Niederbayern", erklärt die Historikerin. Herzog Wilhelm I. (1330-1389) überließ seinem Bruder Albrecht I., der dann vermutlich 1356 mit dem Bau des Herzogsschlosses begann, die volle Handlungsfreiheit im niederbayerischen Teil. „Zu Baubeginn führte die Donau übrigens noch nicht hier entlang. Erst 1477/80 wurde der Fluss in einer Schleife vor das Schloss verlegt." Da Albrechts Bruder Wilhelm wenige Jahre nach Beginn des Schlossbaus schwer erkrankte, übernahm Albrecht auch im nördlichen Teil des Herzogtums die Regentschaft. Dadurch wurde seine Anwesenheit in Straubing stark reduziert, das Schloss aber als wichtige Verwaltungszentrale und Station für gelegentliche Besuche weitergebaut.

An den gekrümmten Rücken des Drachen mit Knochenplatten schließt rechts unten der lange Hals mit Köpfchen und links das gebeugte Bein an.

„Es ist eine Blütezeit für Straubing, als dessen zweiter Sohn Albrecht II. im Jahr 1387 das Statthalteramt antritt und die Stadt zu einem fürstlichen Residenzort anwuchs. Große Feste, unter anderem mit holländischen Pfeifern, feinen Speisen und ‚welschem' Wein aus Italien, wurden gefeiert", merkt die Archivarin an. Im Laufe der Zeit erfolgten am Schloss immer wieder Arbeiten, der Bau wurde erweitert und verstärkt. Der Rittersaal beispielsweise, einer der größten mittelalterlichen Festsäle Deutschlands, entstand 1421/22. Nach dem Aussterben der Linie Straubing-Holland im Jahr 1425 und der Übernahme Straubings durch die neuen Machthaber, die Herzöge von Bayern-München, verlor das Schloss als Residenz an Bedeutung. Es behielt aber seine Funktion als Verwaltungssitz für einen Teil Niederbayerns, den „Rentamtsbezirk Straubing". Heute dient das ehemalige Herzogsschloss vor allem als Sitz der staatlichen Finanzbehörden.

„Es ist eine Blütezeit für Straubing, als dessen zweiter Sohn Albrecht II. im Jahr 1387 das Statthalteramt antritt und die Stadt zu einem fürstlichen Residenzort anwuchs."

Im Jahr 1573 erhielt die Kapelle übrigens neben dem Heiligen Sigismund zum Schrecken des kleinen Drachen einen weiteren Patron: den Heiligen Georg, den „Drachentöter". Doch der hat dem niedlichen Tierchen nichts angetan, und bisher leben beide in friedlichem Miteinander.

So geht's zum Drachen:

Der Kapellenerker, an dem der Drachen angebracht ist, befindet sich an der Außenwand des Osttrakts des Herzogsschlosses, wenige Meter von der Schlossbrücke entfernt.

Der alte Torbogen mit Schlussstein wurde am Neubau wieder aufgebaut. Er zeigt die klassischen Brauereisymbole Gerstenähre, Bierschöpfer und Malzschaufel.

22

Brauereistein

Ganzjähriger Geschmack

Nur drei Zutaten braucht es für ein gutes Bier: Wasser, Hopfen und Malz. Mehr dürfen es auch nicht sein, zumindest laut der bayerischen Landesordnung, die Herzog Wilhelm IV. (1493-1550) im Jahr 1516 erließ – wobei inzwischen Hefe als zulässige Zutat ergänzt wurde. Klar ist jedenfalls: Wenn das Land Bayern für eines bekannt ist, dann für seine lange Brautradition und weltberühmten Biere. Dass der Gerstensaft in Straubing gleichermaßen beliebt war, bezeugen die knapp 25 Brauhäuser, die 1810 in der Stadt existierten. „Vor der Zeit der Großbrauereien waren zahlreiche kleinere Betriebe nichts Ungewöhnliches“, sagt Christoph Kämpf, Geschäftsführer der Karmeliten Brauerei. Auch im Eckhaus gegenüber der Jakobskirche befand sich einst – bevor es zum „Gasthof zur Post“ wurde – ein Brauhaus, das bereits für das 16. Jahrhundert nachgewiesen ist. Das verrät der Schlussstein im ehemaligen Torbogen, dessen Bauteile im modernen Neubau wieder zusammengesetzt wurden. Darauf zu sehen: das in römischen Zahlen angegebene Jahr 1714, darüber die Buchstaben *F*, *M* und *W* – vermutlich die Initialen eines der vielen Besitzer – und in der Mitte mehrere bildhafte Zeichen. „Die Gerstenähre, Bierschöpfer und Malzschaufel sind klassische Brauzeichen", erklärt der Bierkenner die Symbole auf dem Stein.

Die Brauerei im Eckhaus erlitt dasselbe Schicksal wie die meisten Brauhäuser in Straubing, die ihren Betrieb im 19. Jahrhundert einstellen mussten, führten doch technische Entwicklungen wie der von Carl von Linde (1842-1934) erfundene Kühlschrank – den sich viele kleine Brauhäuser nicht leisten konnten – sowie gesetzliche Bestimmungen zu einem regelrechten Brauereisterben. „Doch der Wandel hatte auch enorme Vorteile", erklärt der Brauereidirektor. Als leidenschaftlicher Bier-Sommelier trinkt er nämlich nicht nur gerne „ein kühles Blondes", sondern kennt sich damit auch bestens aus: „Die moderne Kühltechnik ermöglichte nun eine ganzjährige Produktion." Denn dank der neuen Kühlmethoden war es möglich, auch im Sommer untergäriges Bier zu brauen, da die dabei verwendeten Hefen zur Gärung eine Temperatur von unter neun Grad Celsius benötigen – ansonsten misslingt der Prozess oder führt zu schlechtem Geschmack. Gleichermaßen bedeutend war die Entwicklung der Dampfmaschine, die vor allem im 19. Jahrhundert das Bierbrauen revolutionierte: Bevor das geschrotete Malz mit Dampf erhitzt wurde, stand es in früheren Zeiten in Bottichen über dem offenen Feuer. Die direkte Hitze bewirkte, dass der Inhalt an manchen

Geschäftsführer der Karmeliten Brauerei Christoph Kämpf trinkt nicht nur gerne Bier, sondern kennt sich auch mit dessen Geschichte und Herstellung aus.

Stellen verbrannte – was dem Geschmack abträglich war. Eine weitere, sehr praktische Erfindung Ende des 19. Jahrhunderts war die Bügelflasche, mit der das Bier nun bis an den Endverbraucher geliefert werden konnte. „Für meinen Großvater habe ich als Kind noch Bier in Krügen aus der Wirtschaft geholt. Zwar gab es da schon Flaschen, aber er bevorzugte es in der ihm bekannten Tradition“, erinnert sich Christoph Kämpf.

Von den einst über zwei Dutzend Brauereien in Straubing sind zwei geblieben: die Brauerei Röhrl und die Karmeliten Brauerei. Letztere besteht in der Stadt seit Gründung des Klosters im 14. Jahrhundert (siehe Geheimnis Ammoniten). Nach der Säkularisation gelangte die Klosterbrauerei in Privateigentum und befindet sich seit 1879 in Familienbesitz. Wenn auch leider viele kleine Brauereien in Straubing schließen mussten: Letztendlich hat das beliebte Getränk von der Entwicklung in den vergangenen Jahrhunderten profitiert. „Pils gibt es übrigens auch erst seit Mitte des 19. Jahrhunderts“, ergänzt der Bierliebhaber. Und manche Traditionen haben sich erhalten – wie die Bestimmungen über die Zutatenliste des gern genossenen Getränks: Denn aus der bayerischen Landesordnung von 1516 wurde 1918 das bayerische Reinheitsgebot, das später schließlich vom Deutschen Brauer-Bund übernommen wurde und noch heute als Qualitätssiegel deutscher Biere gilt.

„Pils gibt es übrigens auch erst seit Mitte des 19. Jahrhunderts.“

So geht's zum Brauereistein:

Im Eckhaus in der Seminargasse, gegenüber der Jakobskirche, ist der Stein in einem der Fensterbögen zu sehen.

18

23

Tonne

Ausschnitt eines Kunstwerks

Kurz vor sechs Uhr am Morgen: Während viele noch in den Betten liegen und schlafen, sind sie schon unterwegs. Die Männer und Frauen in den orangenen Overalls gehen ihrer Arbeit nach und leeren die vollen Tonnen, die in Straubings Innenstadt fein säuberlich aufgereiht am Straßenrand stehen. Dabei fällt ein Exemplar sofort ins Auge. Inmitten der langen Reihe aus schwarzen Mülltonnen trotzt sie der unschönen Kulisse: die bemalte Tonne. Auf der Vorderseite eine antike Säule, gerahmt von floralem Dekor, in der Mitte ein Kranz. Selbst der Deckel ist verziert. Auf der Rückseite, welche bei Müllabfuhr zur Straße zeigt, eine Blumenvase. In bunten Pinselstrichen steht darauf die Hausnummer 18. Das zugehörige Haus am Stadtplatz, gebaut im Stil der Neurenaissance, wirkt von außen ganz gewöhnlich und lässt nicht vermuten, welche Schätze sich darin verbergen. Denn die Tonne vor dem Gebäude ist nur ein kleiner Teil eines gewaltigen Kunstwerks: „Das bemalte Haus".

In diesem Haus am Theresienplatz 18 ist Helma Lichtinger aufgewachsen. In den 1960er-Jahren studiert sie an der Akademie der Bildenden Künste in München. Als sie die Liebe zu bemalten Großflächen entdeckt, nutzt sie die Wände ihres Elternhauses in Straubing, das sie nach dem Studium wieder bewohnt, als Leinwand. So auch den Hausflur im Erdgeschoss, wo die Tonne steht, wenn sie nicht gerade für die Müllabfuhr bereitsteht. Da sie dort allerdings immer die farbenprächtige Kulisse gestört hat, begann die Künstlerin die Vorderseite zu bemalen. Da kam ihr in den Sinn, dass sie die Rückseite auch verschönern könnte – so hätten die Mitarbeiter der Müllabfuhr auch Freude daran. Doch wie kam die gebürtige Straubingerin überhaupt auf die Idee, die Hauswände zu bemalen?

„Ein pompejanisches Wandgemälde hat mich sehr bewegt", sagt die Künstlerin und sieht sich in dem farbenfrohen Wohnzimmer um. Vor vielen Jahren sah sie das Gartenfresko der „Villa der Livia" im

Die buntbemalte Tonne gehört zum Haus Nummer 18.

Nationalmuseum in Rom und verliebte sich darin. Die Wandmalerei befand sich in einem Haus im römischen Stadtteil Prima Porta und gehörte einst wahrscheinlich Livia Drusilla (58 v.-29 n. Chr.), der dritten Frau des berühmten Kaisers Augustus (63 v.-14 n. Chr.). Das besagte Gartenfresko ist im sogenannten 2. Pompejanischen Stil gemalt und sprüht von einer Lebendigkeit, als stünde man inmitten blühender Bäume und zwitschernder Vögel. „Pompejanisch" deswegen, da die Kenntnisse über die römischen Malereien im Wesentlichen aus dieser Stadt stammen. Aufgrund des Vulkanausbruchs des Vesuv 79 n. Chr. erhielten sich große Teile der Stadt unter einer gewaltigen Schicht aus Schutt und Asche – und damit Wandmalereien, die sonst verwaschen oder verwittert wären. Geprägt von einer Tiefenräumlichkeit, wird beim zweiten Stil die Illusion prächtiger Gartenlandschaften oder realer Architektur erzeugt.

Dieses Gefühl lösen auch die Malereien im Haus der Helma Lichtinger aus. Kein Wunder, schließlich orientiert sich ihr Stil daran, sie nutzt architektonische Elemente wie Säulen und große einfarbige Flächen, gerahmt von floralen Ornamenten und Verzierungen. Auf ihrem Sofa sitzend, ist die Künstlerin umgeben von Wandmalereien, die aus Pompeji selbst hätten sein können. Sogar Helma Lichtinger wirkt in ihrer Kleidung, als sei sie Teil der Malereien. Die Lampen, Möbel und Stoffe – die gesamte Einrichtung ergänzt sich gegenseitig. Das bemalte Haus ist ein Gesamtkunstwerk.

Helma Lichtinger sitzt in ihrem Wohnzimmer vor den Wänden im „pompejanischen Stil".

Dabei sind nicht alle Malereien in dem mehrgeschossigen Wohnhaus im „pompejanischen Stil". Hinter jedem Motiv, jedem Pinselstrich verbirgt sich eine Geschichte, die erzählt werden will. „Das hier ist das Nachbarskind der ehemaligen Mieter, ich habe es reitend auf einem Elefanten gemalt." Sie steht im Treppenhaus und zeigt das Motiv. Daneben Porträts ihrer Ahnen, als Vorlage diente eine alte Fotografie. Kaum ein Quadratzentimeter ist unbemalt im Haus. Im Erdgeschoss deutet sie auf ein Porträt an der Wand: „Hier habe ich Hans Vicari verewigt." Die Malerin und der Altbürgermeister kennen sich gut, er macht die Führungen im bemalten Haus. Denn die gebürtige Straubingerin ist nicht immer hier, sie wohnt mit ihrem Mann in München – die Wände der Wohnung dort sind natürlich auch voller Farben. Mit einem schelmischen Lächeln erzählt sie, dass Herr Vicari nicht gewusst habe, dass sie ihn in ihrem Haus verewigt hat. Erst bei seiner nächsten Führung sah er die Überraschung.

Seit mehr als 30 Jahren arbeitet sie an dem Haus in Straubing. Jedes Zimmer, das Treppenhaus, Küche und Bad – alles ist bemalt mit Acryl- und Dispersionsfarben, gefliest mit Mosaiksteinchen oder gefüllt mit zahlreichen kleinen Kunstobjekten. Das Haus selbst ist dabei Teil des Kunstwerks, denn sie hat verborgene oder ausgeblichene Ornamente aufgefrischt und durch eigenen Dekor ergänzt. Helma Lichtingers Malereien sind kreativ und künstlerisch, überall warten kleine, liebevolle Details. Vor allem sind sie aber eins: originell. Dabei nutzt sie bestehende Objekte wie die beiden Kamintüren im Erdgeschoss. Sie malt eine dritte Türe daneben und lässt diese wie ein Fenster wirken, das ein Mann öffnet und von dort grüßt. Ähnlich raffiniert gestaltet sie den Hausgang. Statt der Tür am Ende des kleinen Flurs lädt ein bezaubernder Garten zum Flanieren ein. „Das Haus ist ein Teil von mir, und die bemalte Tonne gehört auch dazu“, sagt sie mit einem Augenzwinkern.

Von außen sieht man dem Gebäude nicht an, was in ihm steckt. Nur abends, wenn die Zimmerlichter die Räume ausleuchten, sind die Malereien an den Decken zu sehen. Und dann, wenn die Müllabfuhr kommt, zeigt die bemalte Tonne am Straßenrand einen Ausschnitt des Kunstwerks, das sich hinter den Mauern des Hauses am Stadtplatz verbirgt.

So geht’s zur Tonne:

Das bemalte Haus steht am Theresienplatz 18, es ist an den roten Fenstern zu erkennen. Die Tonne steht immer draußen, wenn der Restmüll abgeholt wird.

Semmeln, Brot und Brezel repräsentieren die Bäckerknechtsbruderschaft, welche die Seitenkapelle stiftete.

24

Brezel

650 Jahre Tradition und Teigwaren

„Eine Handvoll Semmeln, einen Laib Brot und eine Breze", sagt Dorit-Maria Krenn, „erwartet man in der Jakobskirche nicht unbedingt." Denn das, was klingt wie eine Bestellung in der Bäckerei an einem Samstagmorgen, ist in der Jakobskirche auf einem Gitter der vielen Seitenkapellen dargestellt: auf der linken Seite vier Semmeln, auf der rechten Seite zwei Brote, unten ein weiterer Laib und in der Mitte eine Brezel mit Kreuzdarstellung. „Es ist das Emblem der Bäckerknechtsbruderschaft", lüftet die Stadtarchivarin Dr. Dorit-Maria Krenn das Geheimnis.

Die Gründungsgeschichte der Bäckerknechtsbruderschaft lässt sich anhand des großen, mit Glasmalerei gestalteten Fensters in der Kapelle gut nachvollziehen. Denn die dort aufgeführten Ortsnamen Straubing, München, Cham sowie Mühldorf und Ampfing sind alle Bestandteile der Geschichte der Bruderschaft. Diese nimmt im 14.

Jahrhundert ihre Anfänge mit einer Schlacht um den Thron als Folge der Krönung zweier Könige: Nach dem Tod Heinrichs VII. (1278/79-1313), Kaiser des Heiligen Römischen Reiches, beanspruchen sowohl der Wittelsbacher Ludwig IV. (1282/1286-1347) als auch der Habsburger Friedrich der Schöne (1289-1330) den deutschen Thron. So kommt es, dass 1314 in der Doppelwahl von Frankfurt zunächst Friedrich der Schöne von einigen Kurfürsten zum König gewählt wird, einen Tag später jedoch erneut Wahlen stattfinden – andere Kurfürsten wählen dagegen Ludwig zum König. In der Schlacht bei Mühldorf 1322 fällt schließlich die Entscheidung: König Ludwig IV. besiegt den Gegenkönig Friedrich den Schönen und lässt sich 1328 zum römisch-deutschen Kaiser krönen.

Und an dieser Stelle kommen die „Bäckerknechte" ins Spiel: Kurz nach der Schlacht soll Ludwig die teilnehmenden Bäckergesellen aus Straubing und München, die sich besonders ausgezeichnet hatten, geehrt haben. Als Dank erhielt die kurz zuvor in München ins Leben gerufene Bäckerknechtsbruderschaft Siegelmäßigkeit – ein Privileg, das ihr erlaubte, Dokumente zu „besiegeln". Wenig später, 1368, gründete sich dieser Bund auch in Straubing durch einen Bäckerknecht aus Cham. Sie verschrieben sich fortan neben der Frömmigkeit – vor allem der Verehrung Mariens, der Nächstenliebe, unterstützten andere Bäcker, Witwen und kranke Mitglieder. Um die Zugehörigkeit zur Bruderschaft bewerben konnte sich jeder Straubinger Bäckergeselle.

„Die geistliche Heimat der Bäckerknechte war vor allem die Karmelitenkirche, aber auch in der Kirche St. Jakob leisteten sie sich ab 1472 eine Kapelle. Deren Gestaltung lag der Bruderschaft sehr am Herzen. 1694 gaben sie zum Beispiel das eiserne Gitter in Auftrag, das die aufgemalten Teigwaren zeigt", erzählt die Stadtarchivarin die Geschichte weiter. Allein kunsthistorisch betrachtet stellt die Kapelle ein Juwel dar, denn namhafte Straubinger Künstler haben daran gearbeitet: Der Altar sowie die Wandstuckaturen stammen von Mathias Obermayr (1720-1799) und das Deckengemälde sowie die Schutzmantelmadonna an der Westseite von Franz Asam (1720-1795), Mitglied der berühmten gleichnamigen Künstlerfamilie. Unter dem Schutzmantel der Maria findet man übrigens das „Personal" der Bruderschaft: Bäckerknechte als Mitglieder, Bäckermeister als Vorstände,

Karmelitenpatres als geistliche Betreuer und Ratsherren als Schriftführer. Das auf dem Gitter angebrachte Symbol mit Zeichen des Bäckerhandwerks lässt die Kapelle also als Stiftung der Bäckerknechtsbruderschaft erkennen. Und wer in der Kirche auf Entdeckungsreise geht, kann es auch noch an anderen Stellen erkennen, zum Beispiel an der spätgotischen Mensa des Volksaltars oder an den barocken Leuchtern davor, die ein Geschenk der frommen Bäckergesellen waren.

Die Bruderschaft sollte nicht nur den Glauben ihrer Mitglieder stärken, sondern sie unterstützte sie und andere bedürftige Straubinger in Notlagen, bot Geselligkeit, kümmerte sich um eine ordentliche Ausbildung und ein gutes Miteinander von Lehrlingen, Gesellen und Meistern. „Die Bruderschaft war in der Bürgerschaft sehr geschätzt, das Bäckerhandwerk war ein wichtiger Beruf und das religiöse Angebot konnte auch, wer kein Bäcker war, als ‚einverleibtes' oder ‚angelobtes' Mitglied wahrnehmen", ergänzt Dorit-Maria Krenn.

Heute, nach mehr als 650 Jahren, gibt es die Bruderschaft noch immer. Sie nennt sich Verein „Bäckerbruderschaft Straubing e.V." und zählt etwa 50 Mitglieder. Darunter sind die Stadtarchivarin und ihr Mann Norbert Krenn, die durch ihre gemeinsame Publikation *Die Geschichte der Straubinger Bäckerknechtsbruderschaft 1370 bis 1995* zu Ehrenmitgliedern ernannt wurden. Vieles hat sich seither verändert, aber geblieben sind die vierteljährlichen „Quatember-Gottesdienste" und das große Titularfest im Dezember – und natürlich „unser tägliches Brot". Was wäre Bayern schließlich ohne seine Semmeln und Brezen?

So geht's zur Brezel:

Das Emblem der Bäckerknechtsbruderschaft befindet sich an dem Gitter der Seitenkapelle auf der südlichen Seite in der Stadtpfarrkirche St. Jakob, auf dem Pfarrplatz, wenige Meter nördlich des Theresienplatzes.

Der Schwan verbirgt sich unter wildem Wein und Efeu.

25

Schwan

Eine Weinwirtschaft mit berühmtem Inhaber

Stück für Stück erobern Efeu und wilder Wein die Hauswand des Innenhofes in der Fraunhoferstraße. Mehr als die Hälfte des Durchgangsportals, fast bis zum Schlussstein, ist bereits vom Grün bewachsen. Doch unter Laub und Geäst halb verborgen, befindet sich ein Wappenstein, den ein schöner Schwan ziert. An der straßenseitigen Fassade des Hauses gebe es zwar auch viele schöne Details, sagt Dr. Stefan Maier, wie die kunstvollen Holztore im Stil des späten Rokoko oder den mit einem Löwen verzierten Portalstein. Den Schlussstein an der Hofinnenseite jedoch kenne kaum jemand, versichert der stellvertretende Museumsleiter des Gäubodenmuseums.

Doch was hat das Gebäude mit einem Entenvogel zu tun? Die Antwort darauf liegt in der Vergangenheit des Anwesens. „Hier befand sich eine uralte Weinwirtschaft. Ihren Namen kennen wir durch eine

Verkaufsurkunde von 1850", erklärt der Geisteswissenschaftler. Und diese Schenke hieß, die Leserschaft mag es bereits ahnen, „Zum weißen Schwan".

Auch bekannt als Fürstenherberge, reicht die Geschichte der Gaststätte bis ins 16. Jahrhundert zurück. Damaliger Besitzer des Hauses war der als Konquistador berühmt gewordene Straubinger Ulrich Schmidl (1510-1580/1581). Als Sohn einer Familie des städtischen Patriziats trat er 1535 gemeinsam mit über 2.500 Seeleuten und Soldaten seine Reise von Spanien ins heutige Argentinien an. Nach vier Monaten erreichten sie die Mündung des Río de la Plata. Über seine drei großen Expeditionen in Südamerika schrieb Schmidl nach seiner Rückkehr im Jahr 1554 einen Reisebericht, der zum Klassiker der Reiseliteratur wurde. Aus der Sicht eines einfachen Soldaten schildert er seine Erlebnisse, beispielsweise, wie Pedro de Mendoza (1487-1537) die Stadt Buenos Aires gründete oder wie er gemeinsam mit dem Entdecker Álvar Núñez Cabeza de Vaca (um 1490-1559) an einer Expedition teilnahm, die tief ins Landesinnere bis ins Quellgebiet des Amazonas in den peruanischen Anden führte.

„Hier befand sich eine uralte Weinwirtschaft. Ihren Namen kennen wir durch eine Verkaufsurkunde von 1850."

Zurück in seiner Heimatstadt, wählten ihn die Bürger in den Rat. Er blieb bis 1562 in Straubing, musste die Stadt wegen seines Übertritts zum Protestantismus jedoch verlassen und zog nach Regensburg. Sein Haus übernahm, samt der Schänke, vermutlich der damals dort arbeitende Wirt. Zahlreiche Eigentümer folgten in den nächsten Jahrhunderten, bis das Anwesen 1884 in den Besitz der Stadt überging und die Geschichte der Schänke „Zum weißen Schwan" endete.

So geht's zum Schwan:

Das Gebäude mit dem Schwan befindet sich neben dem Gäubodenmuseum in der Fraunhoferstraße 29. Der Schlussstein ist am Durchgangsportal in der Hofinnenseite angebracht.

In den beiden Reliefsäulen finden sich Reste unterschiedlich großer spiralartiger Gehäuse von Ammoniten.

26

Ammoniten

Urzeitliche Tierchen

In ihren Händen hält Monika Schneider-Stranninger ein kleines Plastiktier. „Es ist einem ausgestorbenen Tierchen aus der Urzeit nachgebildet", sagt sie und vergleicht es mit den Einschlüssen im Gestein der Reliefsäulen am Eingang zur Klosterkirche der Karmeliten. „Sieht genauso aus", stellt die Leiterin der Lokalredaktion Straubing des *Straubinger Tagblatts* fest. Die spiralförmigen Muster, die im Gestein in verschiedenen Größen vorkommen, sind Reste sogenannter Ammoniten, ausgestorbener maritimer Lebewesen. Deren Gehäuse haben sich im Adneter Kalkstein, aus dem die Säulen bestehen, erhalten. Seinen Ursprung hat das Gestein in Adnet, einer Gemeinde im Salzburger Land am Rande der Alpen.

Doch zunächst zum Orden der Karmeliten, dem es zu verdanken ist, dass es die Klosterkirche überhaupt gibt: „Er wurde im 12. Jahrhundert im Karmalgebirge im Heiligen Land von Eremiten gegründet.

In Europa wandelte er sich dann zum Bettelorden", erklärt die Straubingerin den historischen Hintergrund. „Ein Teil des Ordens kam nach Straubing, als die in Regensburg ansässigen Karmeliten dem Ruf des Herzogs Albrechts I. folgten und 1368 ihren Sitz hierher verlegten", fährt sie fort. Hier hat Albrecht I. (1336-1404) ihnen außerdem die Seelsorge der Schlosskapelle übertragen (siehe Geheimnis Drache). „Mit der Klostergründung in Straubing begann im 14. Jahrhundert auch der Bau der Klosterkirche", ergänzt Monika Schneider-Stranninger. Für das Portal verwendeten die Bauherren Adneter Marmor, der nicht erst im Barock, sondern schon in der Gotik äußerst beliebt war. Dieses Gestein verrät aufgrund seiner Bestandteile viel über seine Herkunft (siehe Geheimnis Säule).

Und an den Säulen im Eingangsbereich der Kirche wurde eben dieser „gewöhnliche" Adneter Kalkstein verbaut, in dem sich die schneckenartigen Gehäuse der Ammoniten erhalten haben. Sie sind nicht nur schön anzusehen, sondern sowohl wegen ihrer besonderen Form und ihres häufigen Vorkommens bei Sammlern beliebt als auch für die Wissenschaft bedeutend: Aufgrund ihres lang andauernden Vorkommens in der Zeit von etwa 400 bis 66 Millionen Jahren vor unserer Zeit sind viele Exemplare der einstigen Lebewesen Leitfossilien. Das heißt, sie ermöglichen es, Gesteinsschichten unterschiedlicher Standorte unabhängig voneinander einer bestimmten Zeitperiode zuzuordnen. Denn die Gehäuse der Tiere – je nach Art zwischen einem und 30 Zentimeter groß – sammelten sich nach ihrem Ableben am Meeresboden und verewigten sich in einem Jahrmillionen andauernden Prozess im Gestein. Von den Weichteilen der Tiere hat sich allerdings nichts erhalten.

Monika Schneider-Stranninger hält einen Ammoniten aus Kunststoff neben die kunstvolle Volute, die das spiralförmige Muster des Gehäuses imitiert.

Dank seiner wunderschönen Ausprägung nutzten in der Gotik viele Wohlhabende den Adneter Kalkstein für ihre Grabdenkmäler. Da die Karmelitenkirche auch Grablege der Herzöge von Straubing-Holland und angesehener Patrizier- und Adelsfamilien war, weist das Gotteshaus einen reichen Bestand an spätmittelalterlichen Gräbern auf. Eines davon, das Grab der Adelsfamilie Nothaft an der Nordseite des Presbyteriums, besteht sogar aus zwei Varianten des beliebten Gesteins: aus rotem Adneter Knollenkalkstein sowie aus Adneter Scheckkalkstein.

Doch die Geschichte des Straubinger Klosters geht noch weiter: Nach beinahe 650 Jahren sollte 2016 die Tradition der Karmeliten enden, denn mangels Nachwuchses wollte die deutsche Ordensprovinz das Kloster schließen und verkaufen. Daraufhin initiierte die Lokalredaktion eine Unterschriftenaktion – über 10.000 Befürworter setzten ihren Namen auf die Liste. Seine Pforten schloss das Kloster zwar dennoch, aber immerhin: Patres aus der indischen Karmelitenprovinz St. Thomas erklärten sich bereit, die Seelsorge in Straubing fortzusetzen. Der anschließend gegründete Förderverein für die Karmeliten in Straubing begleitet und unterstützt die indischen Patres seitdem, wo immer möglich. „Geblieben sind nach über 650 Jahren also die Kirche mit ihren Ammoniten sowie die Tradition der Karmeliten und der Gebäudekomplex im Besitz des Freistaats Bayern", sagt die Vorsitzende des Fördervereins. „Die Seelsorge der indischen Karmeliten – speziell Gottesdienste und Beichtangebot – haben für die Straubinger hohen emotionalen Stellenwert", ergänzt sie. Und wer lieber „flüssige Seelsorge" beanspruchen möchte, kann sich übrigens auch mit Karmeliten-Bier begnügen: Seit der Klostergründung im 14. Jahrhundert wird die Brautradition – heute im Familienbesitz – fortgeführt.

So geht's zu den Ammoniten:

Die Reliefsäulen aus Adneter Marmor zieren den Eingang der Karmelitenkirche gegenüber der Zollergasse.

KAUFMÄNNISCHE BERUFSSCHULE

27

Medusa

Die Schöne und das Biest

Ob das Antlitz bei diesem unsittlichen Anblick noch mehr versteinerte, ist ebenso wenig bekannt wie eine Antwort auf die Frage, ob der Medusa angesichts der pinkelnden Schüler die Gesichtszüge dann doch mal entgleisten. Worum es geht? Um das leblose Frauengesicht über dem Eingang der Kaufmännischen Berufsschule und um ein paar Burschen, die unter ihren weit geöffneten Augen ihrem Harndrang nachgaben. Doch der Reihe nach.

„Es ist das Haupt der Medusa, das Ungeheuer aus der griechischen Mythologie, das den Schlussstein des Portals ziert", stellt Josef Schindler vor. Als eine von drei Schwestern, den Gorgonen, soll Medusa als Monstrum – mit wuterfülltem Antlitz mit langen Schweinszähnen und blitzenden Augen – Furcht und Schrecken verbreitet haben. Wer ihr oder ihren Blitzen begegnete, erstarrte sofort zu Stein. Nur einer, der Gott Poseidon, soll je bei ihr gelegen haben. Und Perseus, der Sohn des Zeus, zog daraufhin aus, die geschwängerte Medusa samt ihrer Brut zu töten. Eine spätere und verbreitetere Variante besagt, Athene selbst – erzürnt, weil Poseidon mit der Gorgone in einem ihrer Tempel den Liebesakt vollzog –, habe die einstige Schönheit in das Monster verwandelt und später Perseus bei der Enthauptung des so entstandenen Ungeheuers geholfen. Um dabei nicht von ihrem Anblick versteinert zu werden, trickste Perseus sie aus: Er vermied den direkten Blickkontakt mit ihr, indem er nur ihr Spiegelbild auf seinem reflektierenden Schild betrachtete.

So, wie sich die Gorgone in den Variationen des Mythos von Ungeheuer zu Schönheit wandelt, veränderte sich auch ihre Darstellung in der Antike: zunächst mit fratzenhaftem Gesicht mit breit verzogenem Mund, herausgestreckter Zunge und glotzenden Augen zu einem weniger grotesken Erscheinungsbild bis hin zum schönen Typus der „Medusa Rondanini". In diesem Stil ist auch die Medusa auf dem Schlussstein des Portals gestaltet: Mit Schlangen, die sich aus dem wal-

Der ehemalige Schüler Josef Schindler steht unter dem prachtvollen Eingangsportal der Kaufmännischen Berufsschule, des ehemaligen Humanistischen Gymnasiums.

lenden Haar um das grazile Gesicht winden, und zwei zierlichen Flügeln auf dem Kopf präsentiert sich das „Monstrum" als anmutige Schönheit. Die unnatürlich weit geöffneten Augen weisen allerdings auf ihr unheilvolles Wesen hin.

Aber wieso hängt an der Kaufmännischen Berufsschule überhaupt ein „Haupt der Medusa"? „Vielleicht, um die Schüler durch ihren strengen Blick gleich am ersten Schultag einzuschüchtern", scherzt der pensionierte Lehrer Josef Schindler. Wacht das leblose Gesicht der Frau doch mit strengem Blick über den Eingang und lässt weder Lehrer noch Schüler ungesehen passieren. Der Pensionär kennt die Geschichte des Gebäudes, denn bevor Mitte der 1980er-Jahre die Berufsschule eröffnete, befand sich darin das Humanistische Gymnasium – an dem er allerdings nicht lehrte, sondern lernte. Das Gorgoneion wurde Anfang des 20. Jahrhunderts beim Bau der Schule auf Wunsch des ehemaligen Rektors dort angebracht. Ob es als Mahnung gedacht war, stets unter wachenden Augen einzutreten, oder lediglich einen Hinweis darauf darstellt, dass dort im Sinne der humanistischen Bildung gelehrt wurde – also Latein und Altgriechisch auf dem Stundenplan standen – bleibt das Geheimnis des ehemaligen Bauherrn.

Die Medusa ist im Typus „Rondanini" mit feinen Gesichtszügen dargestellt.

Der ehemalige Gymnasiast Josef Schindler hat das Frauengesicht jedenfalls als „wenig einladend" im Gedächtnis behalten, wenn er an seine Einschulung im Jahr 1960 zurückdenkt. Die Erinnerungen an seine Schulzeit und seine Unterbringung im Wohnheim des Bischöflichen Knabenseminars – seine Eltern wohnten bei Wörth – hat er in seinem Buch *Im Kaff und am Huma* festgehalten. „War jemand nicht pünktlich, so erwartete diesen der Stellvertreter des Direktors in der Eingangshalle mit ebenso versteinertem Gesicht wie das der Medusa", scherzt Josef

Schindler, „oder wie Cerberus, der dreiköpfige Hund, der den Eingang zur Unterwelt bewacht." Der war allerdings nicht am Gymnasium abgebildet. Doch die Strenge der Lehrer – wobei natürlich nicht alle gefürchtet waren – hatte auch ihre Gründe: wie zum Beispiel die Geschichte der drei Schüler, über die Schindler schreibt, die im Jahr 1968 nach einer durchzechten Nacht ihrem Blasendruck direkt unter dem Medusenhaupt nachgaben. Offenbar fürchteten die Zöglinge nicht, nach dieser Missetat sofort zu Stein zu erstarren. Doch gestraft waren sie mit dem anspruchsvollen Lernstoff vermutlich schon genug.

„War jemand nicht pünktlich, so erwartete diesen der Stellvertreter des Direktors in der Eingangshalle mit ebenso versteinertem Gesicht wie das der Medusa."

„Es war anfangs durchaus eine harte Zeit", erzählt der ehemalige Schüler, der nach seinem Abitur Straubing verließ und nach Regensburg zog, „aber ich erinnere mich trotzdem gerne daran. Vor allem an die Klassengemeinschaft und die in der Regel doch recht zugewandten Lehrkräfte." In Straubing ist er immer wieder mal, zum Beispiel für die regelmäßig stattfindenden Klassentreffen. Das 50-jährige Jubiläum seiner Abiturklasse war besonders schön, erinnert er sich, zumal nicht nur viele Mitschüler, sondern sogar drei der ehemaligen Lehrer teilnahmen. Sein Abitur am Humanistischen Gymnasium erhielt Josef Schindler im Jahr 1969. Dafür musste er in Latein einen Text von Seneca und in Altgriechisch eine Passage aus Platons Werken übersetzen. Zu der Zeit aber hatte sich für den Abiturienten – durch die neunjährige Begegnung mit der humanistischen Bildung – das furchteinflößende Antlitz der Medusa schon längst in menschliche Züge verwandelt.

So geht's zur Medusa:

Die Medusa hängt am Eingangsportal der Kaufmännischen Berufsschule im Stadtgraben 54.

28

Götterstatuen

Auf mächtigen Schwingen

Kraftvoll schwingt der eine den schweren Hammer, während der andere leichtfüßig über dem Boden schwebt. Der eine ist Vulcanus, der römische Gott des Feuers und der Schmiedekunst. Neben dem Element Feuer repräsentiert er die Kraft, Stärke und Gewalt eines Schmiedes. Der andere ist Hermes, der griechische Götterbote, der mit Flügelhelm und Flügelschuhen Nachrichten überbringt. „Gemeinsam stehen sie für die Kraftpost", erklärt Johannes Ruscheinsky, was es mit den beiden Götterfiguren an der Hausfassade auf sich hat. „Diese hat sich nämlich einst in dem Gebäude befunden", ergänzt der Gästeführer.

Der riesige Gebäudekomplex fungierte ehemals als Wagenhof der Post. Entworfen wurde der Bau unter Leitung von Robert Vorhoelzer (1884-1954), damaliger Oberbaurat der Postverwaltung in Bayern, der auch die bayerische Postbauschule gründete. Die Fertigstellung des Wagenhofs erfolgte 1927. In diesem Zeitraum erlebte die Kraftpost – eine Kombination aus Postverkehr und Personentransport – aufgrund der fortschreitenden Motorisierung eine Hochphase. „Zuvor kam die Post an die Bahnhöfe und musste zu Fuß ausgetragen werden. Besonders in den ländlichen Regionen bedeutete das einen Aufwand über viele Stunden quer durchs Land in die Dörfer", schildert Johannes Ruscheinsky die damaligen Umstände. Die verbesserte Logistik durch die Motorisierung erforderte allerdings auch eine Kraftwagenhalle: „Weitläufige Garagenanlagen wurden notwendig, in denen die Fahrzeuge gewartet werden konnten. Der damalige Stadtrand bot dafür den entsprechenden Platz. Das Sortieren und Laden der Postlieferungen konnte man bei dieser Gelegenheit gleich miterledigen", fährt der Gästeführer fort. Das hätten die Architekten gelöst, indem sie neben dem großen Durchfahrtsportal zwei Posthallen, erkennbar an den großen Fenstern, angliederten. „Die beachtliche Höhe der mittleren Durchfahrt half auch bei der Durchlüftung, denn die damaligen Kraftfahr-

Der Götterbote ist an seinen Flügelschuhen, Flügelhelm und Hermesstab zu erkennen.

zeuge kann man sich als echte ‚Qualmer' vorstellen", erklärt Johannes Ruscheinsky.

Als studierter Architekt fasziniere ihn natürlich besonders die Baukunst. „Die Gestaltung des Portals folgt dem Grundmotiv der *Serliana*, welches besonders durch den Architekten Andrea Palladio in der Renaissance Bekanntheit erlangte. Die Form dieser ‚Venezianischen Fenster' entspricht den antiken Triumphbögen. Doch anders als bei den römischen Vorbildern weist das Motiv der Serliana mehr Spannung auf, indem der Mittelbogen durch zwei Türen flankiert wird, welche statt einem gebogenen nun einen geraden Sturz aufweisen", erläutert Johannes Ruscheinsky. In dem umgesetzten Entwurf der Kraftpost fanden so mit der Serliana einerseits klassische Vorbilder Verwendung, aber die Architekten setzten andererseits auch eigene Akzente, indem sie die gängigen Proportionen negierten und stattdessen eine breitere und höhere – und somit luftigere – Durchfahrt installierten. Da sich das Konzept der Kraftpost als kombinierter Personen- und Paketverkehr auf Dauer nicht hielt, wurde sie einige Jahrzehnte später eingestellt. Heute befindet sich in dem Gebäude eine Wohnanlage.

Übrigens, wer zu Beginn des 19. Jahrhunderts seine Post nach München schicken wollte, griff auf die reitende Post zurück, die viermal wöchentlich ging. Die entsprechende Postwagenfahrt für Passagiere erfolgte nur einmal wöchentlich und dauerte beinahe 24 Stunden – heutzutage, in der Zeit der kraftvollen Motoren – kaum vorstellbar. Nur Vulcanus und Hermes sind heute stärker und schneller als jedes Kraftfahrzeug!

So geht's zu den Götterstatuen:

Das Portal der ehemaligen Kraftpost befindet sich in der Dr.-Otto-Höchtl-Straße 39-41 an der Kreuzung zur Gabelsbergerstraße.

Der Türsturz in der Simon-Höller-Straße datiert auf 1781 – ein Jahr nach dem verheerenden Stadtbrand.

29

Jahreszahl

Eine Tragödie ungeheuren Ausmaßes

Es ist eine wiederkehrende Zahl in der Stadt Straubing: 1781. Einer der Orte, an denen sie sich findet, ist der Türsturz über einem Wohnhaus in der Simon-Höller-Straße. Außer der Zahl sind dort Symbole und ein einzelner Buchstabe angebracht. Sie erinnern an eine Tragödie, die sich am 13. September 1780 abspielt: An diesem schicksalhaften Tag brennt die halbe Stadt nieder. In einem Heustadel hinter der Brauerei Lehner – in der heutigen Fraunhoferstraße – bricht ein Feuer aus. Durch starken Nordwind greift es schnell um sich, verzehrt ein hölzernes Bauteil nach dem anderen. Das Löschen ist ein aussichtsloser Kampf, die Menschen kommen nicht gegen die Flammen an.

Auch in der Simon-Höller-Gasse, damals der „Käsmarkt" genannt, brennen 17 Häuser ab: darunter das mit dem verzierten Türsturz, in dem sich laut Steuerbuch seit 1501 eine Bäckerei befindet. So auch zur Zeit des großen Brandes, denn die dort sesshafte Bäckermeisterswitwe

Eva Mastaller heiratete 1768 einen Thomas Roidle, der sich dadurch in Straubing als Bäckermeister niederlassen konnte. Das Haus wird – wie viele weitere Anwesen in Straubing – ein Opfer der Flammen. Der Brand in der Stadt dauert den ganzen Tag und die ganze Nacht. Nur mit Unterstützung aus Bogen und Regensburg schaffen es die Straubinger, zumindest die andere Stadthälfte zu retten.

Das Feuer verursachte am Haus der Bäckersfamilie Roidle schwere Schäden – nur im Kern scheint das Gebäude ältere Bauteile aufzuweisen – denn die Bürgermeister und Räte der Stadt Straubing bestätigten 1784 nach dem Tod Eva Mastallers, dass Thomas Roidle der Erbe der *„ao 1780 abgebrannten bisher aber wiederum auferbauten Behausung"* war. Beim Wiederaufbau wurde schließlich besagter Türsturz angebracht: die Brezel mit ihren kreuzförmigen Enden als Emblem der Bäckerknechtsbruderschaft in Straubing, die links dargestellten Semmeln sowie der Laib Brot auf der rechten Seite. So erklärt sich schließlich der komplette Türsturz: *1781* ist das Datum des Wiederaufbaus des Hauses, der rechte Buchstabe *R* steht wahrscheinlich für den Bäckermeister Thomas Roidle und die Teigwaren symbolisieren das Bäckerhandwerk. Ob und was sich auf der linken Seite der Brezel befand, ist aufgrund der starken Verwitterung des Steins nicht mehr zu erkennen.

Das Schicksal der Hausbewohner in der Simon-Höller-Straße teilten viele Familien. Denn das war die Bilanz nach dem großen Stadtbrand 1780: 152 Häuser und Gebäude zwischen Jesuitenkirche und Karmelitenkirche sowie zwischen Pulverturm und Schloss fielen den Flammen zum Opfer – also beinahe das gesamte nördlich gelegene Stadtviertel. Wie durch ein Wunder blieben die meisten Menschen verschont, eine einzige Frau soll dabei ums Leben gekommen sein. Die Brandursache wurde nie ganz geklärt.

So geht's zur Jahreszahl:

Der Türsturz gehört zu dem Haus in der Simon-Höller-Straße 28, an der Kreuzung zur Spitalgasse.

Barbara Michal bewundert das seltene Gnadenbild des Typus „Maria Gravida".

30

Gnadenbild

Maria in guter Hoffnung

„Der Bogenberg müsste überregional viel bekannter sein", findet Barbara Michal, Leiterin des Kreismuseums. Schließlich locke der markante Berg mit vielen Anreizen – wie der wunderschönen Landschaft oder der historischen Bedeutung des Ortes als Heimat des bayerischen Rautenwappens (siehe Geheimnis Rauten). „Doch auch als Pilgerstätte ist der Bogenberg bedeutend", ergänzt die Kunsthistorikerin. Eine ganz besondere Kostbarkeit stelle ein bestimmtes Gnadenbild dar, fährt sie fort, also eine Heiligendarstellung, die Wunder bewirken soll. „Mit einem Mirakel begann vor beinahe eintausend Jahren die Geschichte des Wallfahrtsortes", erklärt die Museumsleiterin. „Im Jahr 1104 soll ein Gnadenbild der Maria in der Donau – stromaufwärts! – geschwommen und an einem Felsen gelandet sein." Früher inmitten der Fahrrinne gelegen, befindet sich dieser „Marienstein", jener Fels nämlich, an dem das Gnadenbild anlandete, heute am Uferrand des Altarms direkt unterhalb des Bogenbergs. Laut der Legende brachte Graf Aswin von Bogen die Figur von dort in die „ecclesia bogana", die Marienkirche am Bogenberg.

Die Existenz dieser Kirche als Vorgängerbau der heutigen Wallfahrtskirche ist belegt, da die Grafen von Bogen-Windberg das Heiligtum wenige Jahre zuvor ihrem Hauskloster Oberalteich schenkten. Doch erst im Verlauf des Hoch- und Spätmittelalters bildete sich die tatsächliche Wallfahrt heraus, und so kam es, dass im Nachhinein ein sagenhaft frühes Datum – das Jahr 1104 – für die Legende angesetzt wurde. Auch wenn das legendenhaft überlieferte Gnadenbild vermutlich nie existierte: Zwischen dem 13. und 16. Jahrhundert fanden andere Bildnisse der Muttergottes ihren Weg in das „Marienheiligtum".

Eine dieser Figuren steht heute auf dem Hochaltar in der Wallfahrtskirche – eine außergewöhnliche Darstellung – denn sie zeigt Maria als Schwangere! Allerdings nicht als Teil der bekannten Heimsuchungsgruppe, bei der Maria als werdende Mutter ihre Cousine Elisabeth besucht, sondern als Typus „Maria Gravida". Diese „Maria in der Hoffnung" ist ein eigenständiges, sehr seltenes Bildmotiv. Die etwa ein Meter hohe Figur aus Sandstein hat ihre Hände auf den Schoß gelegt, was für diesen Typus ungewöhnlich ist. Das macht das Gnadenbild, das zwischen 1300 und 1400 n. Chr. datiert wird, zu einer echten Rarität.

Im 15. Jahrhundert begann schließlich eine weitere Wallfahrt, für welche der Bogenberg heutzutage bekannt ist. Anlass soll eine Borkenkäferplage in Holzkirchen bei Ortenburg gewesen sein. Traditionsgemäß wird daher eine mehr als zwölf Meter „lange Stang" aus Fichtenholz, die auf bestimmten Abschnitten aufrecht getragen werden muss, am Pfingstwochenende über eine Distanz von 72 Kilometern zum Bogenberg gebracht. Eine dieser besonderen Etappen ist der Weg hoch zum Bogenberg – keine einfache Angelegenheit! Anschließend verweilt die mit rotem Wachs umwickelte Stange dann für zwei Jahre am

Chorbogen neben dem Hauptaltar, bis sie zerteilt und verschenkt wird.

Besonders im 17. und 18. Jahrhundert erlebte die Bogenberger Wallfahrt ihre Blütezeit, Mirakelbücher kündeten von den Wundern, die sich zugetragen haben sollen. In dieser Zeit fand das Bildnis der schwangeren Maria seinen Weg vom Seitenalter auf einen barocken Hochaltar. Erst 1954 erhielt sie ihren heutigen Platz auf dem von Roland Friedrichsen neu geschaffenen, kunstvollen Gnadenaltar.

Die Marienverehrung war und ist in Bayern eine bedeutende Sache, immerhin verkörpert Maria die „Patrona Bavariae", die Nationalheilige des Freistaats. Doch mit der Säkularisation und dem Großbrand 1803 auf dem Bogenberg, als bis auf die Wallfahrtskirche alle Gebäude zerstört wurden, erlebte nicht nur die Wallfahrt einen tiefen Einschnitt. Auch diese Darstellung Mariens als „Maria Gravida", deren Schwangerschaft ursprünglich Ausdruck klösterlicher Frömmigkeit war, stieß in der Zeit der Aufklärung auf Kritik: „Die Figur der schwangeren Muttergottes erhielt ein weites Gewand, das ihren Bauch verhüllen sollte", erklärt die Museumsleiterin. Zwar seien Bekleidungen von Gnadenbildern nicht ungewöhnlich, doch in diesem Fall sei es kein Zeichen der Verehrung gewesen, sondern habe der Kaschierung ihrer offensichtlichen Schwangerschaft gedient.

„Die Figur der schwangeren Muttergottes erhielt ein weites Gewand, das ihren Bauch verhüllen sollte."

Einer dieser Überwürfe – das Gnadenbild besaß im Laufe der Zeit verschiedene Bekleidungen – ist mittlerweile im Museum ausgestellt, denn 2004 wurde er der Gottesmutter abgenommen. „Heute zeigt Maria wieder stolz ihren Babybauch", sagt Barbara Michal mit einem Augenzwinkern, nur bei besonderen kirchlichen Anlässen werde ihr der Mantel wieder angelegt.

So geht's zum Gnadenbild:

Die Figur der schwangeren Maria steht auf dem Gnadenaltar der Wallfahrtskirche auf dem Bogenberg.

Aussegnungshalle

Eva

Ein fast vergessenes Kunstwerk

Ein – eher ungewöhnliches – Hobby beschäftigt den Straubinger Guido Scharrer, zusammen mit seiner Frau Theresa: Der Historiker baut Krippen und schreibt und forscht viel über Krippenkultur. Dies sorgte dafür, dass er ein für lange Zeit unbeachtetes Denkmal kennt, das als „ein Kunstwerk ersten Ranges" bezeichnet wird: eine zwei Meter hohe Figur, die 1904 an der Fassade der Aussegnungshalle auf dem Friedhof St. Michael aufgestellt wurde. Warum sich der Krippenexperte ausgerechnet mit dieser Skulptur beschäftigte, liegt an dem Schöpfer des Werkes, dem Bildhauer Sebastian Osterrieder (1864-1932) aus München. Der ist heutzutage nämlich vor allem noch international wegen seinen Weihnachtskrippen bekannt. „Diese waren so beliebt, dass er sogar für Papst Pius X. (1835-1914) und für Kaiser Wilhelm II. (1859-1941) eine Krippe baute", erzählt Guido Scharrer, der 18 Jahre lang *Der Bayerische Krippenfreund*, die einzige Krippenzeitschrift Deutschands, im Verbandsauftrag herausgegeben hat. Osterrieder gilt nämlich als der „Erneuerer der künstlerischen Weihnachtskrippe". Doch auch seine Arbeit als Bildhauer fand Anklang bei manchen berühmten Persönlichkeiten und an vielen Orten.

„Welches Werk die Nische an der Aussegnungshalle zieren sollte", schildert der Historiker, „entschied ein Wettbewerb." Der Stadtmagistrat wollte einen damals sehr geschätzten Guss aus Kunststein. Hintergrund war die Schließung des Petersfriedhofs im Jahr 1879 und der damit verbundene Ausbau der Anlage St. Michael vom Armen- zum Zentralfriedhof. Im Zuge dessen wurde 1894 die heutige Aussegnungshalle gebaut, deren Fassade eine Figur schmücken sollte. Einer der Bewerber war der Künstler Sebastian Osterrieder, der durch ein sehr seltenes Bildmotiv überraschte: eine *Trauernde Eva*, ohne Adam als ihren Gefährten. Und das auf einem Friedhof? Um im Vorfeld mögliche Zweifel der Gutachter auszuräumen, erklärte Osterrieder die unge-

Krippenexperte Guido Scharrer kennt nicht nur die Weihnachtskrippen von Sebastian Osterrieder, sondern auch dessen Werke als Bildhauer – wie die „Trauernde Eva".

wöhnliche Motivwahl beim Einreichen seines Entwurfs. Eva repräsentiert, als Stammmutter der Menschen, in dieser Darstellung Erbsünde und Erlösung zugleich. Die Schlange als Allegorie des Teufels zu Füßen der Eva war es, die sie verführte, den Apfel – die verbotene Frucht – zu essen, den sie in ihrer linken Hand hält. Es ist die versinnbildlichte Erbsünde. Der Totenschädel, ebenfalls zu ihren Füßen, symbolisiert Ende wie Anfang – denn mit dem Tod kommt die Erlösung. „Leicht zu übersehen", fährt der Historiker fort, „ist der Baum der Erkenntnis, vor dem Eva steht. Der verdorrte Lebensbaum, das Symbol für das Kreuz Christi, stützt die Statue." Ihr nach unten gerichteter Blick und die langen Haare drücken Reue und Trauer aus, mit der die biblische Gestalt oft assoziiert wird. Die Haare sollen aber, zusammen mit dem Fell, auch ihren sehr freizügig dargestellten Körper bedecken. Der Krippenbauer Guido Scharrer zitiert, welche Gefühle Osterrieder beim Betrachter auslösen wollte: „Den Beschauer ergreift Schrecken und Furcht vor der Sünde, aber auch Kraft und Freude ob der gewordenen Erlösung." Und die Aufstellung auf einem Friedhof? Gar nicht so abwegig, gelten Friedhöfe doch als die Gärten Gottes – der Übergangsort zum Paradies – in dem Eva einst lebte. Letztlich überzeugte der Künstler mit seiner Arbeit: Seine *Trauernde Eva* darf die Nische an der Leichenhalle schmücken.

Guido Scharrer ist froh, dass die reizvolle Figur 2019 gründlich restauriert wurde. Wer sich an Kunst erfreut, sollte sich die *Trauernde Eva* auf dem Friedhof St. Michael selbst einmal ansehen. Wer sich eher für Krippen begeistert, empfiehlt Guido Scharrer, der 2020 vom Weltkrippenverband im Aachener Kaisersaal geehrt wurde, solle unbedingt das Bayerische Nationalmuseum in München besuchen. Denn dort befindet sich auch die weltweit führende und größte Sammlung, die – natürlich – der Bildhauer Sebastian Osterrieder mit aufgebaut hat.

So geht's zur Eva:

Sie ist an der Fassade der Aussegnungshalle in der Friedhofstraße 62 angebracht, am östlichen Ende des Friedhofs St. Michael.

Claudia Karl-Fischer schaut aus dem Fenster im zweiten Stock hinunter auf das Wappen mit der Eule.

32

Eule

Im Sinne des Verlags

Es ist eines der schönsten Häuser am Ludwigsplatz, unweit des Stadtturms gelegen, dem Wahrzeichen der Gäubodenstadt. In großen Buchstaben steht auf der stilvollen Fassade geschrieben, was sich darin befindet: das *Straubinger Tagblatt*. Darüber, im zweiten Stock, steht Claudia Karl-Fischer von der Marketing-Abteilung am Fenster. Sie schaut hinunter auf den Erker, auf dem ein von zwei Putten getragenes Emblem angebracht ist. Auf dem Wappenschild: eine Eule. „Es ist spannend, was es damit auf sich hat", sagt die Mitarbeiterin, „denn die Eule verkörpert einen Teil der beeindruckenden Geschichte des Hauses – und somit des Verlags."

Die Geschichte um die Eule und somit auch die der Zeitung und des Verlags – das *Straubinger Tagblatt* gehört zur Mediengruppe Attenkofer – beginnt jedoch nicht in diesem Haus am Ludwigsplatz, sondern in der unweit gelegenen Fürstenstraße. Dort erwirbt Mitte des 19. Jahrhunderts der Namensgeber Clemens Attenkofer eine Buchdruckerei samt Geschäftseinrichtung. Sein Bestreben, eine Zeitung für Straubing herauszubringen, erfüllt er am 1. Oktober 1860, als die vier Seiten starke Erstausgabe des *Straubinger Tagblatts* erscheint – die erste Tageszeitung der Stadt.

Doch bereits wenige Jahre nach dem erfolgreichen Geschäftsbeginn verstirbt er. Seine Frau Josephine Attenkofer, gebürtig Rohrmayr, führt die Zeitung nach seinem Tod fort. Später heiratet sie den neuen Geschäftsführer der Zeitung, Georg Huber. Der gemeinsame Sohn, ebenfalls Georg genannt, übernimmt 1900 das Unternehmen – und er hat große Pläne, will expandieren. Ein Vorhaben, das ihn später vor ein gewaltiges Problem stellen wird.

Doch der Reihe nach: Georg Huber junior träumt von einem großen Gebäudekomplex für Verlag und Druckerei. Um diesen Traum wahrmachen zu können, braucht er ein geschlossenes Areal für den Neubau. „Er kaufte zunächst das Haus am Ludwigsplatz sowie weitere Gebäude auf der Häuserrückseite, in der Rosengasse“, erzählt Claudia Karl-Fischer über die Anfänge des Verlagskomplexes. Jetzt hat er die Fläche für einen kompletten Neubau am Ludwigsplatz beisammen. Doch das Bauamt der Stadt kommt Georg Huber in die Quere und versucht mit allen Mitteln, das Bauvorhaben zu unterbinden. Grund dafür ist die geschichtsträchtige Vergangenheit eines der Häuser – des Hauses nämlich, an dem heute die Eule zu sehen ist. Das hatte seit 1451 der hochrangigen Patrizierfamilie Kytz gehört

Große Buchstaben zieren die sechsachsige Fassade des Straubinger Tagblatts.

und war dann 1643 von keinem Geringeren als Simon Höller (1601-1675), dem berühmten Apotheker und Bürgermeister zur Zeit des Dreißigjährigen Krieges, gekauft worden. Höller ließ im zweiten Stockwerk eine eindrucksvolle Hauskapelle anfertigen – und eben diese Hauskapelle wird dem Bauherrn Georg Huber mehr als zwei Jahrhunderte später zum Hindernis. „Die barocke Hauskapelle, die Höller dort errichten ließ, musste erhalten bleiben", schildert Claudia Karl-Fischer das Problem. „Außerdem musste auch die schöne Front des Hauses integriert werden." Nun hat er zwei Probleme: Wie soll er einen Neubau umsetzen, ohne dabei die Kapelle zu zerstören? Und wie die Hausfassade erhalten? Die Antwort darauf muss warten: Der Erste Weltkrieg bricht aus und Huber kann sein Bauvorhaben nicht durchführen.

Doch nach Kriegsende wagt er einen erneuten Versuch: Der Bauherr wendet sich an das in Berlin und München ansässige Unternehmen Heilmann & Littmann, eine der größten und modernsten Baufirmen in Süddeutschland, die sich durch das Hofbräuhaus am Platzl und das Prinzregententheater in München einen Namen gemacht hat und Huber durch ihre Arbeit überzeugt. Heilmann & Littmann stellt ihm einen Entwurf vor, der beide Probleme – Kapelle und Fassade – lösen soll. Um den Neubau harmonisch in die Straßenfront einzufügen, soll die einstige sechsachsige Fensterfront beibehalten, die Toreinfahrt symmetrisch in die Mitte verlegt und um vier weitere flankierende Bögen ergänzt werden. Als vollständig neues Element an der Fassade ist der Erker geplant. Bauherr Huber möchte eine persönliche Note einfließen lassen und wünscht, dort eine Eule anzubringen. „Sie ist das Symbol für Weisheit", erklärt die Angestellte, „das passte natürlich zum Verlagshaus." Als Begleittier der antiken griechischen Göttin Athene steht der Vogel symbolisch für die Klugheit. Die ihr entsprechende römische Göttin Minerva übernahm Athenes Attribute, und die Ikonografie der „Eule der Minerva" lebte in der Neuzeit als Sinnbild für Weisheit wieder auf. Als Emblem für den Verlag kommt Huber also die Eule als Fassadenschmuck gelegen.

„Sie ist das Symbol für Weisheit, das passte natürlich zum Verlagshaus."

Auch für das Problem mit der Kapelle hat die Baufirma eine Lösung: Trotz Neubau des Hauses soll diese durch technische Raffinesse erhalten bleiben. Den Herren gelingt es schließlich, die missvergnügte Behörde zu überzeugen, endlich kann Huber mit den Bauarbeiten am Ludwigsplatz beginnen. Zunächst tragen die Arbeiter das Gemäuer rund um die Simon Höller-Kapelle Stück für Stück ab und unterfangen das Denkmal mit einem eisernen Rahmen. Gestützt durch riesige Metallträger steht das Kunstwerk zeitweise auf Stelzen – in Höhe des ehemaligen zweiten Stockwerks, auf dem sich die Kapelle befindet! Die Wände des Neubaus werden dann um das Objekt herum wieder aufgezogen. Eine technische Meisterleistung. Die Erhaltung des barocken Schmuckstücks, das noch immer Teil des Gebäudes des Straubinger Tagblatts ist, stellt einen Glücksfall dar, denn von den ehemals mehr als 20 Hauskapellen in Straubing existieren heute in der Neustadt nur noch drei. 1929 wird der neue Standort bezogen, nun beginnt eine weitere Epoche des Verlags.

Die Eule wird im Übrigen nicht in allen Kulturkreisen mit positiven Werten assoziiert und gilt mancherorts als schlechtes Omen – als Hexentier oder Totenvogel. Nicht so in Straubing. Hier, im Zentrum der Stadt, verkörpert sie seit beinahe 100 Jahren den Verlag und seine Werte.

So geht's zur Eule:

Das Haus liegt am Ludwigsplatz und ist leicht an der Aufschrift „Straubinger Tagblatt" zu erkennen.

Michael Wallner steht vor dem Schotterweg, der dem Verlauf der ehemaligen Südgrenze des Westkastells entspricht. Nicht weit dahinter, wo heute der Römerpark ist, befand sich das Ostkastell.

33

Kastellumwehrung

Militärlager zur Verteidigung der Grenzen

Wenn er nicht gerade seiner Arbeit als Polizeibeamter nachgeht, präsentiert sich Michael Wallner gerne im detailgetreuen Kostüm eines Römers im Gäubodenmuseum. Das erzeuge ein lebhafteres Bild, erklärt er. Ein gewisses Maß an Vorstellungskraft sei auch im Hinblick auf das antike Kastell nötig, fährt er fort, „denn es gibt nicht mehr viel zu sehen". Der römische Garnisonsort „Sorviodurum" ist in Straubing sehr bekannt, keine Frage – insbesondere das große Ostkastell, dem sich im Süden der touristische Römerpark anschließt. Und dann gibt es noch das „Westkastell" – aber wo lag das eigentlich? „Westlich", so viel ist klar. Der Beamte Michael Wallner steht auf dem Bürgersteig gegenüber dem Klinikum St. Elisabeth. Hinter ihm befindet sich eine Gärtnerei und das, worauf er den Fokus legen möchte: der Schotterweg. „Genau in derselben Flucht befand sich einst die Südumrandung des Westkastells“, offenbart der Geschichtsinteressierte. Bekannt ist es auch als „Kastell IV“, wobei die römische Ziffer vier täuscht, denn es ist das Erste seiner Art in Straubing.

Um die Grenzen des Reichs gegen die germanischen Völker aus dem Norden zu verteidigen, machten sich die Römer in der Provinz Raetia die Donau als natürliche Barriere zunutze. Zum Schutz vor Feinden ließen die Kaiser Roms militärische Stützpunkte entlang des Flusses errichten. Einer dieser Grenzposten war der Garnisonsort Sorviodurum: Er diente sowohl zur Überwachung der Handelsrouten nach Böhmen als auch zur Absicherung der Getreidelieferungen aus dem fruchtbaren Gäuboden in andere Regionen. Das erste Militärlager Sorviodurums ist das Westkastell aus dem 1. Jahrhundert n. Chr. „Der zunächst mächtigen Holz-Erde-Konstruktion mit einem vorgelagerten breiten Graben folgte in der zweiten Phase eine massive Steinmauer mit zwei schmaleren Gräben“, beschreibt der Straubinger die einstige Befestigung des Lagers. Und in der nahegelegenen Mündung des Allachbachs, der dort in ein Altwasser der Donau fließt, erbauten die Römer außerdem einen Hafen. Nach Westen, entlang des Bachverlaufs, lagen zahlreiche landwirtschaftliche Gutshöfe (siehe Geheimnis Inschrift).

„Der zunächst mächtigen Holz-Erde-Konstruktion mit einem vorgelagerten breiten Graben folgte in der zweiten Phase eine massive Steinmauer mit zwei schmaleren Gräben.“

„Statt des heutigen Schotterwegs führte hier vermutlich ein Teil der Umwehrung des Westkastells entlang“, erklärt der Römerdarsteller. Zu sehen gebe es heute leider nichts mehr davon, bedauert er. Da der Schotterweg allerdings ziemlich genau der alten Kastellgrenze folge, könne er sich gut ausmalen, wie es dort einmal gestanden hat. „Die südlichen Ecken lagen im Westen unterhalb des Klinikums und im Osten hinter den Gebäuden der Gärtnerei. Nur etwa einhundert Meter dahinter schloss sich dann das Ostkastell an.“ Um die 500 Mann starke Besatzung der sogenannten 2. Kohorte der Raeter, die im Westkastell stationiert waren, zu versorgen, gab es unter anderem Mannschaftsbaracken und ein Lagerhaus. Was sich in der Nordhälfte des Westkastells befunden hat, bleibt ungewiss – denn durch Kiesabbau und die Donau ging diese leider verloren. Außerhalb des Kastells befand sich außerdem eine römische Siedlung, ein „vicus". In seiner größten Ausdehnung umfasste dieser ein Areal, das sich von südlich des Westkastells bis östlich des Ostkastells erstreckte.

Nach den Einfällen germanischer Stämme im Jahr 172/173 n. Chr. wurde – im Zuge der Markomannenkriege – das zerstörte Westkastell aufgegeben. Nicht so das östliche Lager. Zwar erfolgten nach dem verheerenden Einfall Umbauarbeiten am Lager, doch es bestand dennoch bis in die zweite Hälfte des 3. Jahrhunderts. „Das Ostkastell ist vor allem berühmt für die dort stationierte 1. Kohorte der Canathener", fährt der Geschichtsinteressierte fort, „eine in der Provinz Syria rekrutierte Spezialeinheit von etwa 1.000 teilweise berittenen Bogenschützen." Dieses Kastell wurde ebenfalls Opfer weiterer Germaneneinfälle, der Stützpunkt Sorviodurum fiel. Zwar ist für die Spätantike ein weiteres Kastell auf dem Hügel der Peterskirche belegt, doch auch dieses wurde Mitte des 5. Jahrhunderts endgültig aufgegeben, als die große Reichskrise schließlich den Untergang des Römischen Imperiums besiegelte.

Bis heute haben sich Spuren der Römer im Boden erhalten, immer wieder werden Hinterlassenschaften der einstigen Großmacht gefunden. Wer in die Zeit des antiken Sorviodurum eintauchen möchte, könne den Römerpark oder das Gäubodenmuseum besuchen, rät der Freizeitrömer Michael Wallner. Dort befindet sich auch der spektakuläre Römerschatz, der neben anderen Kostbarkeiten die berühmten „Masken" enthält – Gesichtshelme, die vermutlich Teile von Paraderüstungen waren. Übrigens: Drei der Exemplare sind vom sogenannten orientalischen Typ, sie erinnern an die vor knapp 2.000 Jahren in Straubing stationierten Truppen aus dem heutigen Syrien.

So geht's zur Kastellumwehrung:

Der Schotterweg befindet sich direkt gegenüber dem Haupteingang des Klinikums St. Elisabeth. In derselben Flucht lag die einstige Südgrenze des Westkastells.

Bronzestele

Mahnmal unbeschreiblicher Gräueltaten

„Vann, νερό, вода, מים“ Anna Zisler liest die Wörter vor, die in unterschiedlichen Sprachen auf der Stele geschrieben stehen. Sie bezeichnen alle das gleiche Wort, nennen den Grundstoff, ohne den es kein Leben gibt: Wasser. Etwa zwei Monate kann der Mensch ohne Nahrung überleben, ohne Flüssigkeit kaum länger als drei Tage. „Es sind die Worte, die hier an diesem Ort in der Nacht des 23. April 1945 geschrien wurden“, sagt die Vorsitzende der Israelitischen Kultusgemeinde Straubing. Hier, am nördlichen Ende der Innenstadt, folgt dem Moosgraben die Straße „Am Hagen“. Auf diesem Stück Boden mussten vom 23. auf den 24. April 1945 über 3.000 Menschen aus dem Konzentrationslager Flossenbürg kampieren – abgemagert, entkräftet und verzweifelt dem Unvorstellbaren ausgeliefert.

„Mit dem Vorrücken der alliierten Truppen auf das KZ Flossenbürg am Ende des Zweiten Weltkriegs begann die Schutzstaffel der Nationalsozialisten das Lager zu räumen, um die Beweise ihrer Gräueltaten zu vernichten“, schildert Anna Zisler den Hintergrund für die damaligen Ereignisse. Am 23. April erreichten die wie Vieh in einer Kolonne getriebenen Menschen die Stadt Straubing – auf ihrem Weg zum KZ Dachau, das von den vorrückenden Truppen der Alliierten noch weiter entfernt lag. Es war ein Todesmarsch: Wer versuchte zu fliehen, vor Erschöpfung nicht weiterkonnte oder einfach den Launen der Wachmänner ausgeliefert war, wurde erbarmungslos getötet.

Straubing und seine Bevölkerung waren bereits von den schweren Angriffen wenige Tage zuvor zerrüttet (siehe Geheimnis Einschusslöcher) und geschockt von den Szenen, die sich in dieser Aprilnacht abspielten. Augenzeugen berichteten von dem Leid, sahen, wie ausgemergelte Menschen die Stadt erreichten, wie sie auf dem Platz wimmerten und brüllten, Schüsse fielen. Immer wieder ertönte der vielstimmige, verzweifelte Schrei nach Wasser und Nahrung. Nach einer

Die Vorsitzende der Israelitischen Kultusgemeinde Straubing Anna Zisler schätzt das Mahnmal des Künstlers Meinhart Meyer, das an die Todesmärsche des KZ Flossenbürg erinnern soll.

entsetzlichen Nacht führte der Todesmarsch weiter über die Landshuter Straße, von den etwa 3.500 Menschen erreichten 2.500 das KZ Dachau. Die Stele erinnert an das furchtbare Leid.

„Das Mahnmal ist äußert gelungen", lobt die gebürtige Straubingerin das Werk des Künstlers Meinhart Meyer, das zum 50-jährigen Gedenken an den Todesmarsch am Hagen aufgestellt wurde. Die Grundform der Stele erinnert mit ihren sechs Seiten an den Davidstern, das Symbol des Judentums. Auf dem Mahnmal sind Füße abgebildet, die von unten nach oben laufen und auf der anderen Seite wieder hinab, sie symbolisieren den Todesmarsch als solchen. Das Wort *Wasser* ist in all jenen Sprachen der Häftlinge geschrieben, welche im KZ Flossenbürg dokumentiert worden sind. In der Stele selbst läuft Wasser hinab, das von außen unzugänglich ist – und somit symbolisiert, wie es den Opfern unerreichbar war. Jedoch spendet ein angebrachter Wasserhahn Trinkwasser und soll eine Verbundenheit mit den Leidtragenden herstellen. Die kleinen Steine oben auf der Stele erinnern an ein jüdisches Grabmal. Diese stammen, wie auch die Granitplatten am Boden, aus dem Steinbruch Flossenbürg. Die bronzene Stele ruft zur mahnenden Erinnerung an die Verfolgung und Vernichtung der Juden auf sowie an alle weiteren Opfer der Verfolgung und der Todesmärsche, unter denen sich auch viele politische Gefangene befanden.

In den verschiedenen Sprachen der KZ-Häftlinge steht das Wort „Wasser" vielfach auf der Stele geschrieben.

Anna Zisler betrifft das Thema besonders. Ihr Vater Israel Offman war selbst Holocaustüberlebender. 1942 wurde er nach Auschwitz deportiert, seine Eltern und Geschwister ermordet. Im April 1945 wurde er aus dem Lager Ganacker befreit, einem Außenlager des KZ

Flossenbürg. „Er hat immer versucht, uns nicht mit dem Terror zu belasten", erinnert sich seine Tochter an ihre Kindheit. Doch irgendwann habe auch sie verstanden, was ihm widerfahren war. Heute gibt sie Führungen in der Straubinger Synagoge, die jährlich von etwa fünf- bis siebentausend Schülern aus Bayern besucht wird – schließlich ist es die einzige ihrer Art in ganz Niederbayern. Anna Zisler fragt die Schüler bei den Führungen oftmals, ob sie schätzen könnten, wie viele Mitglieder – es sind ca. 800 – die Israelitische Kultusgemeinde habe. Oft kämen Antworten wie „eine Million", wiederholt sie die Worte belustigt. „So viele Einwohner hat ja der ganze Bezirk Niederbayern." Doch gleichzeitig ist sie auch schockiert, wie wenig manche Schüler über das Thema wissen, auch in Straubing.

Sie selbst ist in der Stadt geboren, aufgewachsen und liebt Bayern und seine Kultur. Bei einem Spaziergang, so erzählt Anna Zisler, begegnete sie am Hagen einer Mutter mit ihrem etwa 12-jährigen Kind. „Aus Neugier fragte ich das Mädchen, ob es wisse, was es mit der Stele auf sich hat." Als dieses ihr erklärte, dass es ein Mahnmal für die Todesmärsche Flossenbürg sei, war sie gerührt. Doch nicht in der Schule habe das Mädchen es gelernt, sondern von ihren Eltern. „Es ist unglaublich wichtig, dass die Menschen nicht vergessen, sondern sich bewusst erinnern", mahnt Anna Zisler und mit ihr die Bronzestele am Hagen.

„Es ist unglaublich wichtig, dass die Menschen nicht vergessen, sondern sich bewusst erinnern."

So geht's zur Bronzestele:

Das Mahnmal befindet sich wenige Meter westlich des Spitaltors auf dem Pater-Petrus-Heitzer-Weg, der über die Grünfläche am Hagen führt.

Die Reste der ehemaligen Stadtmauer befinden sich in einem Hinterhof in der Spitalgasse.

35

Schießscharten

Im Akkord gegen die Feinde

Brüllend stürmen die Männer auf die Mauer zu. Im Sekundentakt prasseln Bolzen auf die Angreifer nieder. Mit Schilden versuchen sie sich zu schützen. Ein Mann wird getroffen, ein weiterer geht zu Boden. Es sind zu viele Geschosse in zu kurzer Zeit. Für einen Moment scheint der Geschosshagel aufzuhören, nur um anschließend mit noch mehr Gewalt erneut auszubrechen. Zwei weitere Männer fallen. Den restlichen Angreifern bleibt einzig der Rückzug unter schwerem Beschuss. Schließlich halten die Schützen inne. Der Ansturm ist überstanden, der Feind zwar nicht besiegt, aber geschwächt.

So oder so ähnlich, malt sich Architekt Johannes Ruscheinsky aus, könnte sich eine mittelalterliche Belagerungsszene an den Mauern Straubings ereignet haben. Seine Vorstellung entzündet sich an den Überresten der einstigen Stadtmauer, die an einem Hinterhof der Spitalgasse erhalten geblieben sind.

Die Geschichte der Stadtbefestigung beginnt mit der Gründung Straubings im Jahr 1218. Zunächst schützen Gräben und Erdwälle die Stadt, 1332 umgibt sie eine steinerne Ringmauer mit Türmen. Der einstige Verlauf der Stadtmauer folgte einer Hangkante, dem „Rain". Entlang dieser Linie finden sich noch heute Überreste der Befestigung, beispielsweise am Weytterturm, auch bekannt als „Polizeiturm". Von den ehemaligen fünf Toren ist noch das Spitaltor erhalten. Wenige Meter vom Tor entfernt, in einem großen Hinterhof, sind auf der Rückseite eines Privathauses ebenfalls Reste der Stadtmauer zu sehen.

Der Architekt und Gästeführer, der mit Schwerpunkt Geschichte, Baugeschichte und Denkmalpflege studierte, lenkt den Blick auf mehrere kleine Fensterchen im oberen Geschoss. „Das sind Schießscharten", erklärt er und ergänzt: „Besondere Schießscharten." In der Tat – normalerweise sind Schießscharten sehr klein und bestehen oft nur aus einem Spalt oder dünnen Schlitz mit einem Loch für den Bogenschützen, aus dem Pfeile geschossen werden. Das ist schließlich das Erfolgsprinzip der Verteidigungsmaßnahmen: Der Schütze hat Sicht auf den Gegner, der Gegner kann allerdings nur einen winzigen Ausschnitt des Schützen wahrnehmen. Zwar datieren Schießscharten zurück bis in die Antike, das Konzept wurde aber verstärkt an den Kreuzfahrerburgen des 12. Jahrhunderts in Palästina aufgegriffen. Später wurde diese Verteidigungsmaßnahme in Großbritannien und Frankreich genutzt, dann im deutschen Raum.

Wieso aber gibt es hier so große Schießscharten? „Es handelt sich hierbei um Scharten für leichte Armbrüste. Hier gilt das Prinzip: Masse statt Klasse", erklärt der Gästeführer, der sich schon als Jugendlicher für Gebäude und Gemäuer interessierte. „Neben den breiten Schießscharten oben an der Mauer konnten sich in Deckung zwei oder mehr Schützen aufhalten, ihre Waffen spannen und abwechselnd hinausschießen. Wichtig war, dass sie nur sehr kurz sichtbar waren, sich schnell orientierten und dann schossen." Das erlaubte zwar kein genaues Zielen – was aber auch nicht nötig war. Angestrebt wurde ein Geschosshagel, bei dem ein großer Zielbereich möglichst intensiv und in schneller Schussfolge angegriffen wurde. Stolz zeigt Ruscheinsky die Replik einer Armbrust, deren originale Bruchstücke im Gäubodenmuseum erhalten sind. „Ungewöhnlich ist, dass diese Straubinger Waffen keine Geschossführung haben, also nicht einmal eine kleine Rinne, damit das Geschoss erst mal geradeaus verschossen wird. Am Schaft befindet sich auch kein Ansatzpunkt oder eine Achse für eine Spannvorrichtung. Solche Armbrüste mussten frei von Hand gespannt werden und konnten nur ungefähr in eine bestimmte Richtung schießen. Das ergibt zwar wenig Schusskraft, Reichweite und Präzision, dafür aber eine sehr hohe Schussfrequenz." So konnte eine größere Gruppe von Angreifern daran gehindert werden, die Mauer zu überwinden.

Johannes Ruscheinsky zeigt die originalgetreue Replik einer Armbrust, deren Bruchstücke in Straubing gefunden wurden.

Das wurde übrigens auch durch die Höhe der Mauer erschwert: Acht Meter war sie hoch und dadurch mit einfachen Sturmleitern nur schwer überwindbar. Diese Leitern, ausgestattet mit eisernen Haken am Ende, halfen den Angreifern die Verteidigungsanlage zu erstürmen. Gelang es ihnen, trotz Beschuss eine Leiter an die Mauer zu lehnen, gab es jedoch gleich mehrere Schwierigkeiten. „Es gibt statische Grenzen, beispielsweise dass die Leiter bei zu großer Länge und Beladung einfach durchbricht", erklärt der Architekt.

Das Stoppen oder wenigstens Verlangsamen des herannahenden Feindes war oberste Priorität, da die Verteidiger in einem direkten Nahkampf gegen professionelle Truppen schnell verloren hätten. Denn die Stadtmiliz bestand nicht aus Spezialeinheiten mit langjähriger Ausbildung, sondern aus normalen Bürgern, die zur Mauerwacht verpflichtet wurden. Aber nicht nur der Nahkampf, sondern auch der Umgang mit Pfeil und Bogen erforderte spezifisches körperliches Training. Die Bedienung der Armbrüste hingegen benötige vor allem Drill, also viel Routine und Übung beim Nachladen. Doch die Mitglieder der Stadtmiliz hatten Glück. Straubing war zusätzlich von Burgen und befestigten Dörfern umgeben, die eine typisch mittelalterliche Flächenverteidigung bildeten. So kam es, dass Straubing seit dem Bau der Stadtmauern im 14. Jahrhundert bis zum Dreißigjährigen Krieg nicht belagert wurde.

Seit der Errichtung der steinernen Mauer erlebt die Stadtbefestigung mehrfach bauliche Veränderungen. Im Zusammenhang mit dem Bau des Herzogsschlosses wird die Mauer zunächst begradigt, später ersetzt und Torzwinger wie Zwingermauer vorgelegt. Später dient die einstige Stadtmauer hauptsächlich als Außenwand für die kommunale Fleischbank. Zu Beginn des 19. Jahrhunderts werden die Stadtmauern schließlich zum Teil abgerissen oder verkauft und die Gräben aufgeschüttet.

Wer sich heute der Stadt und der ehemaligen Befestigung nähert, muss nicht fürchten, von der Stadtmiliz angegriffen zu werden. Straubing kommt ganz und gar friedlich daher.

So geht's zu den Schießscharten:

Der Hinterhof mit der ehemaligen Stadtmauer liegt rechterhand auf dem Weg zum Spitaltor, rückseitig der Spitalgasse 13.

Muscheln

Ein neues Wappen am alten Standort

Heimatforscher Hans Agsteiner erklärt, was auf dem steinernen Wappen über dem Eingangsportal zur Pfarrkirche St. Tiburtius in Münster, dem kleinen Ortsteil in Steinach, zu sehen ist: „Die linke Hälfte zeigt ein gebogenes Halbkreuz, die rechte Seite einen halben Adler. Darunter sind drei Jakobsmuscheln angebracht." Es ist das Emblem des ehemaligen Kollegiatstifts Pfaffmünster, das sich hier einmal befunden hat – oder etwa nicht? „Nicht ganz", sagt der Mitarbeiter des Heimatarchivs in Steinach. „Die Muscheln geben einen Hinweis, was dahintersteckt", verrät er und erklärt die Bedeutung der einzelnen Bestandteile: Das Kreuz repräsentiere den Heiligen Tiburtius, den römischen Märtyrer, dessen Reliquien das Urkloster in Münster bei seiner Gründung erhalten haben soll. Der halbe Adler deute darauf hin, dass das Kollegiatstift von einem Herzog gegründet wurde. So weit, so erklärbar – es passt alles bestens zur Entstehungsgeschichte: „Das Urkloster in Münster soll im 8. Jahrhundert von Tassilo III. gegründet und im 10. Jahrhundert von den Ungarn zerstört worden sein. Urkundlich belegt ist die Entstehung des Stifts Pfaffmünster im 12. Jahrhundert, vermutlich durch Herzog Jasomirgott aus Österreich", erklärt der Heimatforscher.

Doch die Gründungsgeschichte ist bis heute nicht ganz geklärt, denn vieles, wie die Frage nach der tatsächlichen Existenz des Urklosters, liegt noch immer im Dunkeln. Dass es das Kollegiatstift Pfaffmünster gegeben hat, ist allerdings ebenso nachweisbar wie dessen Verlegung im Jahr 1581. Auf Initiative der Herzöge Albrecht V. (1528-1579) und Wilhelm V. (1548-1626) wurde das Stift im Zuge der Gegenreformation nach Straubing verlegt – in die Jakobskirche. „Hier kommen nun die Muscheln ins Spiel, die auf dem Wappen in Münster zu sehen sind. Denn diese verweisen auf den Heiligen Jakob – den Hauptpatron der Kirche St. Jakob in Straubing", fährt Hans Agsteiner fort. „Das in Münster angebrachte Wappen ist also das Emblem des Strau-

Hans Agsteiner stellt das steinerne Wappen am Eingang der Pfarrkirche St. Tiburtius in Münster vor.

binger Stifts, das erst *nach* der Verlegung des Kollegiatstifts Pfaffmünster entstand", erklärt der Ortskundige. „Das ursprüngliche Emblem des Pfaffmünster Stifts führte natürlich noch keine Jakobsmuscheln und das Kreuz war außerdem nicht gebogen, sondern gerade", ergänzt der Heimatforscher.

Die drei Jakobsmuscheln weisen auf den Heiligen Jakob hin.

In Straubing übernahmen die Stiftsherren zwar zunächst die ursprüngliche Fassung des Wappens, änderten es im Barock allerdings und brachten es nicht nur in Straubing, sondern auch an der Kirche in Münster an. Das neuere Wappen findet sich auch heute noch an anderen Stellen in der Stadt: Unweit der Jakobskirche, in der heutigen Seminargasse, befanden sich einst das Archiv und die Kapitelstube sowie in der Simon-Höller-Straße die Propstei. „An beiden Standorten hängt noch immer das Wappen", sagt Hans Agsteiner, „das neue mit Muscheln natürlich." Auch für die Jakobskirche änderte sich etwas im Zuge der Verlegung des Stifts von Pfaffmünster nach Straubing: Sie erhielt dadurch ihren zweiten Patron, den Heiligen Tiburtius (siehe Geheimnis Schreinfigur).

„Übrigens", ergänzt der Heimatforscher, „hat es sich sowohl in Pfaffmünster als auch in Straubing um ein vornehmes Kollegiatstift gehandelt und nicht um ein Augustinerchorherrenstift, als welches es noch immer irrtümlich bezeichnet wird. So kannten die mit dem kostbaren Fehpelz – einem Zobelfell aus Sibirien – bekleideten Chorherren nicht das Gebot der Armut, hatten Privatbesitz und bewohnten eigene Chorherrenhäuser."

So geht's zu den Muscheln:

Das Wappen ziert das Eingangsportal der Kirche St. Tiburtius in Münster, dem Ortsteil der Gemeinde Steinach.

Johann Gold präsentiert die Kopie des Plans, der die Grenzstreitigkeiten im 16. Jahrhundert abbildet. Karl Stecher zeigt auf das in der Karte eingetragene Flurkreuz.

37

Flurkreuz

Kompromiss mit nur einem Gewinner

Wer mit dem Auto durch fremde Landstriche fährt, besitzt heutzutage viele Möglichkeiten zur Orientierung: sei es ein Blick aufs Handy, ins eingebaute Navigationssystem oder in den Straßenatlas. Im Mittelalter und der frühen Neuzeit hingegen, einer Zeit vor Google Maps und dem „Schilderwald", einer Zeit, in der Lesen eine Fähigkeit war, die nur wenige beherrschten, mussten die Menschen andere Möglichkeiten nutzen. Beispielsweise orientieren sie sich an markanten Punkten in der Landschaft wie Bergrücken oder aufgestellten Markierungen in Form von Holzkreuzen, Bildstöcken, Kapellen oder steinernen Säulen (siehe Geheimnis Hohlwege). „In der Regel waren die Kreuze für eine bessere Sichtbarkeit von zwei hohen Bäumen wie Linden, Eichen oder Buchen flankiert. Sie kennzeichneten Einstiege für schwierige Aufstiege oder standen an Abzweigungen, die weg von der Hauptroute führten", erklärt Heimatforscher Karl Stecher. „Gleichzeitig spielten sie aber auch eine große Rolle als Flurkreuze, denn sie befanden sich oft entlang wichtiger Grenzen", ergänzt sein Kollege Johann Gold.

„Hier an der Straßenkreuzung nördlich von Kirchroth", fährt der pensionierte Lehrer Johann Gold fort, „steht ein solches Wegkreuz, dessen Vorgänger schon im 16. Jahrhundert nachweisbar ist." An Stelle des Eisenkreuzes, das sich heute dort befindet, handelte es sich einst jedoch um eine *Martersäul* – eine steinerne Säule. Das belege eine Karte aus dem Jahr 1589, auf der die Säule die damals bedeutende Kreuzung nach Saulburg im Norden und Aufroth in östlicher Richtung markiert. „Die Karte", erklärt er, „entstand im Zusammenhang mit Grenzstreitigkeiten zwischen dem Herzogtum Bayern und dem Fürstbistum Regensburg." Eine bedeutende Grenze, denn der Verlauf der beiden Herrschaftsbereiche entschied über die Ausübung der Gerichtsbarkeit (siehe Geheimnis Steinkreuz), über die Verteilung des Grund und Bodens sowie über die Einnahme der Landsteuer. „Aus bayerischer Sicht erstreckte sich die westliche Grenze des Herzogtums bis zur *Martersäul*, also bis an diese Stelle." Doch die Regensburger Seite war anderer Meinung. Die Grenze der Wörther Herrschaft – als Bestandteil des Regensburger Machtgebiets – verlief nach deren Ansicht nämlich viel weiter östlich: entlang des Auenzeller Bachs, der somit Saulburg und Aufroth mit einschloss. Doch das Herzogtum Bayern beanspruchte die beiden Ortschaften durch das Landgericht Mitterfels – das wiederum Bestandteil des bayerischen Herzogtums war – selbst.

An derselben Stelle wie das Flurkreuz stand schon vor Jahrhunderten eine Markierung.

Es ist ein Streit, der lange vor dem 16. Jahrhundert beginnt. Denn Gebiete, die im 13. Jahrhundert eindeutig noch im Regensburger Bezirk liegen, werden sukzessive als Bestandteil des Herzogtums Bayern aufgeführt. Im Jahr 1589 sind die Differenzen so groß, dass klar wird: Eine neue Grenzbegehung ist erforderlich. Eine Kommission, bestehend aus Beamten des Regensburger Hochstifts und des Herzogtums Bayern, soll einen Kompromiss für die Grenzstreitigkeiten finden. So kommt es zu einer Einigung, bei der jedoch eine Seite als Gewinner hervorgeht: das Bayerische Herzogtum. Denn sowohl Saulburg als auch Aufroth werden dem bayerischen Herrschaftsgebiet zugeschrieben. Lediglich einige Felder westlich Aufroths, die Bayern ursprünglich für sich selbst beanspruchte, fallen den Regensburgern zu – und somit auch das Gebiet, in dem die steinerne Säule stand.

Heute befindet sich an dieser Stelle das eiserne Flurkreuz und erinnert an die einst bedeutende Wegkreuzung und den Streit um die Herrschaftsgebiete: „Wegkreuze verfallen zu lassen, ist ein Sakrileg", ergänzt Karl Stecher. Nicht verwunderlich, bedenkt man deren wichtige Rolle als Flurkreuz für Grenzverläufe und zur Orientierung für Reisende. Und markant ist der Ort noch immer: Inmitten der Felder, die die Landschaft prägen, fallen die beiden großen Bäume mit Flurkreuz sofort ins Auge!

„Wegkreuze verfallen zu lassen, ist ein Sakrileg."

So geht's zum Flurkreuz:

Das von zwei Bäumen flankierte Flurkreuz befindet sich an der Kreuzung nördlich der Auffahrt zur A3 zwischen Untermiethnach und Aufroth.

INRI

Eiserne Hände

Bildstock mit Ergänzungen

Es ist ein Geheimnis, das sich nur in den kälteren Monaten offenbart, wenn das Laub gefallen und das Blattwerk verschwunden ist. Das Relikt passt jedenfalls zur Stimmung in der düsteren Jahreszeit: Sind es alte Rechtszeichen, Symbole für den Ort der Strafe für einen Verräter oder schützten sie gar vor Gespenstern? Die beiden eisernen Hände, die links und rechts an einem Bildstock in Alburg angebracht sind, haben in der Vergangenheit auf jeden Fall für Spekulationen gesorgt. Die Geschwister Hermann und Beate Piendl kennen das Denkmal von Kindheit an, da sich ihre Familie und die ihres Verwandten Alois Piendl seit Jahrzehnten um dessen Instandhaltung kümmern. „Der Bildstock wurde gegen Ende des 16. Jahrhunderts errichtet", erklärt Beate Piendl. Zu sehen sind unter einem Kruzifix in der Mitte eine Reliefplatte mit verwitterter Inschrift, welche die Auferstehung Christi und zwei kniende Gestalten zeigt, sowie eine weitere Platte mit einer Inschrift, die ebenfalls nur noch schwer zu entziffern ist. Da sich der Heimatforscher Michael Wellenhofer allerdings schon vor einiger Zeit mit dem Bildstock beschäftigte, sind die Inschriften bekannt. Der obere Schriftzug verrät einiges über den Ursprung: *Dise zway Figuren hatt machen lassen der erbar Bartholome Schmidt, sein Schwestern und Schwager zu ainer Gedechtnus anno 1590.* Die beiden knienden Figuren stellen also Schwester und Schwager dar, deren der Stifter – der Alburger Bauer Bartholomäus Schmidt – gedenken wollte. An den zwischenzeitlichen Abbau des Denkmals im Zuge der Säkularisation erinnert die untere Inschriftenplatte: *Dieses Denkmal wurde abgebrochen auf Obrigkeitlichen Befehl von Michael Engelberger Bauer am Biel 1803 und wurde wiederhergestellt von Joseph Engelberger Bauer am Biel 1822.*

„Der Bildstock wurde gegen Ende des 16. Jahrhunderts errichtet."

Die Geschwister Hermann und Beate Piendl vor dem Bildstock mit den eisernen Händen, die im Sommer hinter dem Blattwerk verborgen sind.

Nicht überliefert ist hingegen, wer die Hände zu welchem Zeitpunkt dort angebracht hat und – vor allem – *warum*. „Bekannt ist nur, dass es zu Beginn am Bildstock nur eine Hand gab", ergänzt Hermann Piendl, „weswegen beide unterschiedlich gearbeitet sind." Das belegt auch der Name der nahe gelegenen Flur: „Zur eisernen Hand". Was den Zweck der beiden Hände betrifft, so teilen die Geschwister die Vermutung des Heimatforschers Wellenhofer: „Es waren sehr wahrscheinlich Wegweiser", sagt Beate Piendl. „Das passt zu ihrer horizontalen Ausrichtung und macht auch Sinn", ergänzt sie. Denn an dieser Stelle befand sich einst die Wegabzweigung nach Oberharthausen sowie in die Kayer Flur – wie der Heimatforscher in seinen Untersuchungen schlussfolgerte. Eine plausible Erklärung auch deswegen, weil Bildstöcke wie Flurkreuze oder Kapellen lange als Orientierungspunkte alter Wegesysteme dienten.

Der Bildstock besteht aus einem Kruzifix, einer Reliefplatte sowie einer weiteren Inschriftentafel. Am oberen Ende weisen zwei eiserne Hände den Weg in unterschiedliche Richtungen.

Ein Wegweiser also: kein altes Rechtszeichen und auch weder ein Ort der Strafe noch Mittel gegen Gespenster. Spekulativ bleibt dennoch – vermutlich für immer – wer die Hände dort wann angebracht hat.

So geht's zu den eisernen Händen:

Der Bildstock mit den eisernen Händen befindet sich in Alburg an der Kreuzung Bergheimer Weg / Harthauser Weg nahe dem Friedhof.

Dorit-Maria Krenn betrachtet den Grabstein des letzten königlichen Scharfrichters Joseph Zankl.

39

Schwert

Ruhe in Frieden

Alles hat seinen Preis – auch der Tod. Der kostet nicht nur das Leben, sondern auch Geld für die Bestattung und einen Platz auf dem Friedhof. Einer, der diesen Preis zahlte, war Joseph Zankl. Dieser ruht hier auf dem Petersfriedhof, wo sich seit dem Mittelalter angesehene und respektierte Persönlichkeiten bestatten ließen. Wer der Mann war, verrät – neben der Grabesinschrift – auch die Rückseite seines Grabsteins. Dort präsentiert sich stolz ein großes Schwert: Es ist das ehemalige Richtschwert des Straubinger Scharfrichters, denn Joseph Zankl war der letzte königliche Scharfrichter, geboren am 11. August 1781 und verstorben am 22.

November 1843. „Von Zankl und seiner Frau gibt es im Gäubodenmuseum schöne Porträts. Dort ist der letzte Scharfrichter mit dem ebenfalls im Museum erhaltenen Richtschwert dargestellt", merkt Dr. Dorit-Maria Krenn an. Es trägt die Inschrift *Die Herrn Steuern dem Unheil / Ich exequiere ihr Urteil.*

„Der erste Fall einer Hinrichtung in Straubing durch einen unbekannten Henker dürfte wohl die Ertränkung der Agnes Bernauer gewesen sein", erklärt die Stadtarchivarin. „1602 erhielt die Stadt Straubing dann die bisher dem herzoglichen Gericht vorbehaltene Blutgerichtsbarkeit." Das heißt, die Stadt selbst durfte von diesem Zeitpunkt an Todesurteile verhängen. Die Scharfrichter, die das Urteil vollstrecken mussten, hatten in der Vergangenheit allerdings keinen guten Stand. „Die Tätigkeit des Scharfrichters zählte damals zu den sogenannten unehrlichen Berufen", erklärt die Stadtarchivarin. Sie übten „unehrliche" Tätigkeiten ohne Ehre und Ansehen aus, wodurch sie eingeschränkte Rechte besaßen. Beispielsweise durften sie kein städtisches Ehrenamt innehaben oder einer Zunft beitreten. Sie erlebten harte gesellschaftliche Konsequenzen: Sie mussten mindestens am Rand der Stadt wohnen, wenn nicht sogar jenseits der Stadtmauer. Im Wirtshaus saßen sie immer alleine am Tisch und erhielten oft nur einen Keferloher, einen Krug ohne Deckel. In Kirchen waren sie gezwungen, so Platz zu nehmen, dass sie nicht gesehen werden konnten. Und schlimmer noch: Ihre Familien wurden ebenfalls geächtet – einer der Gründe, warum viele Scharfrichter-Familien untereinander heirateten.

Doch das Bild des Scharfrichters hatte sich in den letzten Jahrhunderten stetig verbessert: Mit dem Erlass eines Gesetzes im Jahr 1731 galten Nachkommen der dritten Generation wieder als „ehrlich" – sofern sie einen anderen Beruf ausübten. Zankls Sohn durfte beispielsweise als Vorbereitung zum Gymnasium die Lateinschule besuchen. Und der Beruf brachte auch große Vorteile mit sich: „Scharfrichter wurden für ihre Tätigkeit außerordentlich gut bezahlt", merkt die Stadtarchivarin an. Voraussetzung war allerdings neben einer gewissen körperlichen Beschaffenheit auch umfangreiches Wissen: Abgesehen davon, dass sie es fertigbringen mussten, den Verurteilten das Leben zu nehmen, brauchten sie Kraft und Geschick sowie fundierte anatomische Kenntnisse – durfte doch der Delinquent durch die vom Scharfrichter ausgeübte Folter nicht sterben. Wegen ihres wertvollen Wissens über die Anatomie von Mensch und Tier war ihr Rat von vielen gefragt und häufig waren sie aus diesem Grund auch Ärzte sowie Zahnärzte für die Armen.

In vielen Fällen, so auch in dem von Zankl, übten sie gleichzeitig das Amt des Wasenmeisters aus: Sie waren zuständig für die Beseitigung und Verwertung von Tierkadavern oder halfen auch mal dabei, entlaufene Tiere einzufangen. „Zu den Aufgaben des Wasenmeisters gehörte übrigens auch das Leeren der öffentlichen Toiletten", merkt die Historikerin zu dem an. „Zum Beispiel mussten seine Gesellen auch den Toilettenkübel des Stadttürmers entleeren."

Das Richtschwert auf der Rückseite des Grabsteins deutet an, dass es das Grab des Scharfrichters ist.

Da nicht jedes Gericht über einen eigenen Henker verfügte, wurden sie bei Bedarf auch „verliehen". Ein solcher Fall ist für das Landgericht Mitterfels dokumentiert: Nachdem eine Frau 1724 gestanden hatte, mit dem Teufel im Bunde zu stehen und drei Kindsmorde begangen zu haben, erhielt sie eine „Begnadigung" – ein damals nicht unübliches Vorgehen: Statt an einer Säule erdrosselt und verbrannt zu werden, sollte sie mit dem Schwert hingerichtet werden. Vollstreckt hat dieses Urteil ein Straubinger Scharfrichter. Solch eine Köpfstätte existierte auch hier in der Stadt. „Zunächst war es üblich, dass der Delinquent zum Rathaus gebracht wurde, wo der Richter das Urteil verkündete", erklärt die Stadtarchivarin. Von dort ging es weiter zum Hochgericht zur Vollstreckung der Strafe. „Die Hinrichtungsstätte – eine ‚gemauerte Köpfstadt' – war Anfang des 19. Jahrhunderts in der Altstadt, in der Nähe der Aiterhofener Straße, am Allachbach gelegen", ergänzt sie. Bald habe man allerdings einen neuen

Hinrichtungsplatz gesucht, da der alte Platz bei einer großen Zuschauermenge zu eng und auch zu sumpfig war. „Ab der Mitte des 19. Jahrhunderts wurden die Hinrichtungen dann – mit einer Ausnahme – auf dem Hagen in der Nähe des Schützenhauses abgehalten", fährt Dorit-Maria Krenn fort.

Zu dem Zeitpunkt war Zankl bereits verstorben und das Amt des Scharfrichters in Straubing nicht neu besetzt; die Stadt besaß nun keinen eigenen Henker mehr. „Die ersten dort Hingerichteten waren am 23. Juni 1851 die bekannten Raubmörder Franz Matzeder und Franz Reiter. Für die Hinrichtung kam ein Henker aus Amberg. Ab 1857 wurden die Hinrichtungen dann nicht mehr öffentlich abgehalten – der ursprünglich gedachte Abschreckungseffekt war mehr zum Unterhaltungsspektakel und Volksfest geworden –, sondern mit dem Schafott im Innenhof des Landgerichtes."

Nach seinem Tod ließ Joseph Zankl sich schließlich auf dem Petersfriedhof bestatten, wo auch seine Frau Anna Maria und ein weiteres Familienmitglied ihre letzte Ruhestätte gefunden haben. „Die Preise waren in sechs Begräbnisklassen festgelegt, die ersten fünf wurden in St. Peter bestattet, die letzte Klasse war die einfachste Beerdigung in St. Michael", ergänzt die Stadtarchivarin. Mit seinem guten Verdienst konnte Zankl sich also problemlos auf dem Petersfriedhof bestattet lassen. Doch Geld ist letztendlich eben nicht alles, wie es ein italienisches Sprichwort so schön ausdrückt: „Geld öffnet alle Türen, außer die Himmelstür."

„Die Preise waren in sechs Begräbnisklassen festgelegt, die ersten fünf wurden in St. Peter bestattet, die letzte Klasse war die einfachste Beerdigung in St. Michael."

So geht's zum Schwert:

Der Grabstein des Joseph Zankl befindet sich auf dem Petersfriedhof, der westlich des Klinikums St. Elisabeth liegt. Das Denkmal steht direkt hinter dem Eingang in der zweiten Gräberreihe rechts.

Bernhard Hartl steht neben einem der vielen Metallpfosten, die eigentlich Reste von Kampfmitteln aus dem Zweiten Weltkrieg sind.

40

Metallpfosten

Im Nebel der Ungewissheit

Es ist immer schön zu sehen, wenn altes Kriegsmaterial eine neue, friedvolle Verwendung findet – wie an der Umzäunung des Steinmetzbetriebes gegenüber dem Friedhof St. Michael. „Diese Poller sind eigentlich Kampfmittel aus dem Zweiten Weltkrieg“, erklärt Bernhard Hartl, der als Landschaftsbauer regelmäßig am Friedhof arbeitet. Als Geschichtsinteressierter kennt er diese Metallpfosten schon lang: „Genauer gesagt handelt es sich hierbei um Munition für einen Nebelwerfer.“ Dieser Typus ist einer der bekanntesten Raketenwerfer der Wehrmacht. Ursprünglich als Granatwerfer konzipiert und eingesetzt von einer Spezialtruppe – der Nebeltruppe –, warf dieser zunächst wortwörtlich „Nebel“. Die Munition enthielt nämlich Nebelsäure, eine Substanz, die an der Luft einen dichten Qualm erzeugt. Später kam auch Sprengmunition zum Einsatz.

Wirklich bedeutend wurde die Nebeltruppe jedoch erst, als im Zweiten Weltkrieg die sowjetischen Katjuscha-Raketenwerfer – wegen ihres markanten Pfeiftons beim Abfeuern von den Deutschen auch „Stalinorgeln" genannt – zum Einsatz kamen. Diese waren nicht nur mobil, sondern besaßen auch eine immense Feuerkraft und entzündeten riesige Flächenfeuer. Das veranlasste die Wehrmacht dazu, die Nebeltruppe zu einer geheimen Organisation weiterzuentwickeln, welche die Alliierten buchstäblich „im Nebel stochern ließ". Denn die Deutschen entwarfen ein neues Modell ihres Werfers, das statt einfachen Granaten nun Raketen abfeuerte. So besaßen sie jetzt ein – im Gegensatz zur schweren Artillerie – wendiges Gerät mit durchschlagskräftiger Munition, die in schneller Abfolge gezündet werden konnte: ein neuer Typ Raketenwerfer, um der Feuerkraft und Flexibilität der sowjetischen Stalinorgeln etwas entgegenzusetzen. Weiterer Grund zur Geheimhaltung war die Erforschung chemischer Kampfstoffe – wobei diese glücklicherweise nie zum Einsatz kamen. Offiziell lief die Einheit unter dem Tarnnamen „Nebeltruppe" weiter. Die Verwendung der neuen, effektiveren Munition, insbesondere der Nebel- und Sprengraketen, stellte sich im Verlauf des Krieges als strategisch so bedeutend heraus, dass die Nebelwerfer fester Bestandteil der speziellen Artillerie, der Einheit für großkalibrige Geschütze, wurde.

Die Raketen für den 15-cm-Nebelwerfer 41 der Wehrmacht verfügen am oberen Ende über eine ballistische Kappe, darunter befindet sich die Treibstoff-Kammer. Das mit Sprengstoff beladene Heck wurde hier jeweils entfernt.

„Der 15-cm-Nebelwerfer 41, mit dem die Raketen mit einem Kaliber von 15 Zentimetern abgefeuert wurden, stellt den bekanntesten

Typ dar", erklärt der Heimatkundige. „Bei dem Pfosten handelt es sich um dessen Munition: Es sind ineinandergesteckte Metallkorpusse der Raketen." Unter der ballistischen Kappe befand sich der Treibstoff. Das deutlich kürzere und mit Sprengstoff gefüllte Heck ist hier verdeckt und in einen weiteren Korpus gesteckt, dem die Kappe fehlt. Die etwa einen Meter langen Raketen wogen jeweils über 30 Kilo, der Werfer über 500 Kilo. Ein entscheidender Vorteil war die Mobilität der Waffe, denn sie wurde mithilfe eines fahrbaren Gestells, einer Lafette, befördert. Auf dem Werfer waren sechs kreisartig angeordnete Rohre angebracht, aus denen sechs Raketen in einer Salve im Zeitraum von wenigen Sekunden abgefeuert werden konnten.

„Da es in den ersten Jahren nach dem Zweiten Weltkrieg an so vielen Dingen mangelte, wurden die entleerten Korpusse der Raketen aus pragmatischen Gründen weiterverwendet", erklärt der Geschichtsinteressierte. Vermutlich handelt es sich bei den ehemaligen Raketen um einst intakte Munition, die entkernt wurde. Wer in seinem Vorgarten alte Kampfmittel findet, sollte aber unbedingt die Hände davon lassen und die Polizei rufen. „Keine Angst", beruhigt Bernhard Hartl, „die Metallpfosten am Zaun sind vollkommen ungefährlich."

„Da es in den ersten Jahren nach dem Zweiten Weltkrieg an so vielen Dingen mangelte, wurden die entleerten Korpusse der Raketen aus pragmatischen Gründen weiterverwendet."

So geht's zu den Metallpfosten:

Die Metallkorpusse der Raketen dienen als Pfosten für die Umzäunung des Steinmetzbetriebs an der Ecke Michaelsweg/Friedhofstraße, direkt gegenüber dem Friedhof St. Michael.

41

Gedenkstein

Vergänglichkeit und Beständigkeit

Als „recht jung" könne die Kirche St. Johannes in Ittling schon bezeichnet werden, meint Pfarrer Stefan Altschäffel. Zumindest im Vergleich zu den vielen Sakralbauten in und um Straubing, die oft deutlich mehr Jahre zählen. Denn das Gotteshaus in Ittling wurde erst 1850 geweiht, nachdem der Vorgängerbau einem Brand zum Opfer gefallen war. Dennoch beherbergt die Kirche durchaus sehr alte Schätze: „Ein Gedenkstein aus dem 16. Jahrhundert stellt das zweitälteste Objekt in der Kirche dar", erklärt Stefan Altschäffel. Die Platte befand sich im niedergebrannten Vorgängerbau wohl an einem geschützten Standort und konnte so beim Neubau der heutigen Kirche integriert werden.

Begeistert von dem Gedenkstein sind der Pfarrer und Stadträtin Hannelore Christ nicht nur wegen seines Alters, sondern auch wegen der Darstellungen: im oberen Teil eine eindrucksvolle religiöse Szene, im mittleren Teil drei kniende Figuren. Vor allem beschäftigt die beiden die Frage, um welche Personen es sich bei den drei Gestalten handelt – die Platte liefert nämlich nur Indizien. Denn die unten angebrachte Inschrift bezieht sich lediglich auf die Abbildung im oberen Teil, auf dem die biblischen Stammeltern zu sehen sind, deren Ketten der Sünde durch Christus gelöst werden. „Zwischen Adam und Eva lauert der Teufel, dessen untere Körperhälfte in einer Schlange endet, und reicht die verbotene Frucht. Darüber thront der Erlöser, hinter dem sich der Garten Eden befindet, angedeutet durch die Bäume", erläutert Pfarrer Altschäffel das Dargestellte. Die weiteren Passagen der Inschrift beschreiben die Nichtigkeit des Menschen und befassen sich somit auch nicht mit den abgebildeten Personen im Mittelteil. Doch finden sich auf dem Stein Hinweise auf deren Identität:

Die Wappen unterhalb der Figuren belegen, dass es sich bei den drei knienden Personen um Adelige handelt – zu welchem Geschlecht sie gehören, ist jedoch unbekannt. Für einen solchen Stand spricht

Stadträtin Hannelore Christ und Pfarrer Stefan Altschäffel stehen neben dem Gedenkstein im Turmhaus.

auch die vornehme Kleidung, zum Beispiel die spanische Halskrause. Der Mann auf der linken Seite war scheinbar zweimal verheiratet, jeweils mit einer der beiden Frauen, die auf der rechten Bildfläche zu sehen sind. Wie auch die Frau ganz rechts trägt er ein kleines Kreuz in der Hand, was ein Hinweis darauf ist, dass die beiden zum Zeitpunkt der Stiftung des Gedenksteins bereits verstorben waren. Seine zweite Gemahlin – ohne Kreuz – scheint ihn also überlebt zu haben. Dass der Gedenkstein ins 16. Jahrhundert datiert, legt sowohl die Kleidung – die charakteristische Tracht dieser Zeit – als auch der künstlerische Stil, in dem die Figuren gestaltet sind, nahe. Ein starkes Argument liefert außerdem die Form der drei Fenster im mittleren Bildfeld, bei der es sich um gotische Architektur handelt. Wichtige Hinweise, denn der Stein selbst weist nicht nur keine Namen, sondern auch keine Jahreszahl auf.

Die Abbildung im mittleren Teil des Steins zeigt drei kniende Gestalten, vermutlich den Herrn von Moosdorf mit seinen beiden Frauen.

Die Stadträtin hat eine Vermutung, wer dargestellt sein könnte: „Die knienden Personen waren wahrscheinlich die Moosdorfer, das einzige Adelsgeschlecht, das es in Ittling gegeben hat." Diese werden bereits im 12. Jahrhundert im Zusammenhang mit den Grafen von Bogen erwähnt. Spätestens für das 13. Jahrhundert ist belegt, dass Heinrich von Moosdorf als „magister curiae" im Dienst des Herzogs Heinrich von Wittelsbach (1235-1290) stand und die Aufgaben eines Hofmeisters und Ratgebers ausübte. Doch: Nach den „Moosdorfern von Moosdorf" übernahmen im 14. Jahrhundert andere, nicht heimische Geschlechter und Familien das Anwesen. So wechselte Moosdorf – mal in den Urkunden als Sitz, mal als Hofmark aufgeführt – seitdem viele Male die Besitzer, bis es im 19. Jahrhundert schließlich in die Hände eines Bauern gelangte. „Die wenigen baulichen Reste des Schlosses befinden sich noch heute in Privatbesitz", ergänzt Hannelore Christ. Da es sich bei den auf dem Stein dargestellten Personen also um Adelige handelt, die offensichtlich einen regionalen Bezug gehabt haben mussten – schließlich landete der Gedenkstein in der Ittlinger Kirche – müssen sie im Zusammenhang mit Moosdorf gestanden haben: Entweder ist es ein Gedenkstein für die „Moosdorfer von Moosdorf" selbst oder die dargestellten Adeligen entsprangen einer der vielen anderen Familien, die in späterer Zeit den gleichnamigen Sitz innehatten.

Doch konkrete Informationen zum Relikt fehlen noch immer – wie Namen und Jahreszahlen. Hinzu kommt: Wenn der Stein tatsächlich in das 16. Jahrhundert datiert, existierte er sogar bereits vor der niedergebrannten Kirche, denn die wurde erst 1673 geweiht. In diesem Kontext verbauten die Bauherren vermutlich dann den Stein, der zuvor – wie auch immer – seinen Weg nach Ittling gefunden hatte. „Geblieben ist nach über 400 Jahren der Gedenkstein", sagt Pfarrer Stefan Altschäffel. „Die dargestellten Personen bleiben unbekannt – auch wenn sie sehr wahrscheinlich mit Moosdorf in Zusammenhang standen."

Somit sind die Namenlosen auch der *Nichtigkeit* anheimgefallen, wozu eine Textpassage auf dem Stein recht gut passt, die übersetzt lautet: „*Nichtig ist die Gesundheit des Menschen, nichtig die Schönheit, alles nichtig [,] unter den nichtigen Dingen ist nichts nichtiger als der Mensch.*"

So geht's zum Gedenkstein:

Der Stein hängt im Turmhaus der Pfarrkirche St. Johannes in Ittling in der Dr.-Kumpfmüller-Straße 11 und ist durch die Glastür im hinteren Kirchenschiff zu erreichen.

Post
Har

Hausspruch

Wirtshausbesitzer mit Sinn für Humor

„Hier befindet sich das Geheimnis", sagt Willi Goetz mit lauter Stimme, um die in einer Kolonne vorbeirauschenden Lastwagen zu übertönen. Seit Jahren kämpfen die Bewohner in Straßkirchen für eine Ortsumgehung, um die mehr als 13.000 Fahrzeuge loszuwerden, die täglich auf der B8 mitten durch das Dorf fahren. Kein Wunder also, dass viele Vorbeigehende an dieser belebten Stelle den Blick nicht unbedingt weg von der Straße auf eine unscheinbare Platte an einer Hausfassade richten. Dort, über der Türe des geschichtsträchtigen Hauses „Gasthof zur Post", hängt das Relief, das zwei Männer besonders gut kennen: Willi Goetz, der sich seit vielen Jahren mit der Heimatgeschichte und Ortschronik in Straßkirchen beschäftigt, und Stefan Weinzierl, dessen Familie den Gasthof besitzt. Die beiden kennen sich schon lange, denn Stefan Weinzierl war früher Schüler von Willi Goetz, der an der Schule in Straßkirchen unterrichtete.

„Die Geschichte des traditionsreichen Hauses reicht weit zurück, es befindet sich in der achten Generation im Familienbesitz", erklärt der pensionierte Lehrer Willi Goetz. „Zum ersten Mal wird es 1378 urkundlich als Gasthof erwähnt, dessen Vorbesitzer Herzöge von Bayern gewesen sein sollen, welche das Gebäude mit allen Anbauten um 1318 verkauft hatten." In Dörfern erhielten sich sonst meist nur Kirchen so lange, ergänzt er, und entsprechend viel gebe es über das heute denkmalgeschützte Haus zu erzählen. Außerdem war die einstige „Tafernwirtschaft" viel mehr als einfach nur eine Gaststätte, denn das „Tafernrecht" bedeutete, wie der Name schon sagt, Rechte, aber auch Pflichten: Es erlaubte den Wirten, als Metzger und Bäcker tätig zu sein und Fremde unterzubringen. Andererseits mussten sie aber auch wandernde Handwerksgesellen beherbergen. Laut einer Beschreibung aus dem Jahr 1581 stellte die „Taferne" in Straßkirchen von jeher eines der wichtigsten Anwesen im Dorf dar. Es umfasste Wirtsstube und Wohn-

Willi Goetz (li.) und sein ehemaliger Schüler Stefan Weinzierl stehen vor dem geschichtsträchtigen „Gasthof zur Post".

haus, die Stallung für Pferde, einen einfachen Heuboden mit Scheune, Schweineställe und eine Fremdenstallung mit Tanzboden. „Die Taferne lag an einer auch für damalige Maßstäbe lebhaften Straße, auf der sich aller Verkehr per Achse, zu Pferde oder zu Fuß abwickelte", schildert Goetz die früheren Umstände.

„Später, beim ersten Schwedeneinfall 1633, brannte das Wirtshaus mit allen Nebengebäuden nieder. Bereits drei Jahre später bauten es die Besitzer aber wieder auf." Der Heimatforscher deutet auf das Adler-Wappen über dem Eingang, auf dem die Jahreszahl *1636* geschrieben steht. „Das Wappen verrät außerdem, wieso es ‚Gasthof zur Post' heißt: Es zeigt das Emblem der Kaiserlichen Reichspost, des Postunternehmens im Heiligen Römischen Reich. Zu der Zeit waren die Tafernen mit der Funktion als Poststation eng verbunden." Der schwarze Adler stellt das „Salva Guardia-Privilegium" dar, das heißt, das Wirtshaus stand aufgrund dessen unter dem Schutz des Kaisers. „Das eigentliche Geheimnis", sagt der Pensionär und zeigt auf die unter dem Wappen eingelassene Tafel, „ist aber der Spruch auf dem Relief." Die Spruchtafel ließ der Wirt Georg Reithmeier 1838 einmauern, als er das Haus mit allen Besitzungen gekauft hatte. Dort steht geschrieben: *„Johann Georg Reithmaier / Thafern-Wirt 1838 / Morgen ist alles Zech frei / Wer heute kommt bezahlt gleich.*" Stefan Weinzierl schmunzelt und merkt an: „Umsonst zechen kann hier natürlich keiner."

Der Spruch ist schwer zu entziffern, die Jahrhunderte sind nicht spurlos daran vorbeigegangen.

Die Tradition, Sprüche und Inschriften an Häusern anzubringen, gab es bereits im Mittelalter. Beliebt waren vor allem Segnungen, die das Haus und seine Bewohner schützen sollten. Aber auch Lebensweisheiten oder witzige Sprüche, die einen Einblick in den Charakter der damaligen Hausbesitzer gaben, fanden Verwendung. Der Wirt

Georg Reithmaier schien also durchaus Sinn für Humor gehabt zu haben. Mit diesem Wirt beginnt auch die persönliche Geschichte von Stefan Weinzierl, denn die Wirtstochter Magdalena heiratete einen direkten Vorfahren der heutigen Besitzerfamilie Weinzierl, den Bauernsohn Franz Englberger von Riedling – dessen Familienname auch jetzt noch die Fassade des Hauses schmückt. Noch heute befindet sich das Gasthaus zur Post im Besitz der Familie Weinzierl.

„Damals erfüllte das Wirtshaus viele Funktionen – sei es als Umschlagplatz von Gerste für die Bierbrauer oder als Poststation. Ein willkommener Ort zur Einkehr ist es aber geblieben", sagt Willi Goetz. „So eine schäumende, gut eingeschenkte Maß aus dem Fass schmeckt halt heute auch noch", ergänzt er. Nach wie vor ist das Gasthaus beliebter Treffpunkt für Stammtischbrüder, Kartenspieler, Vereine und sonstige gesellige Leute. „Das wäre doch mal was", sagt Willi Goetz und dreht sich zu seinem ehemaligen Schüler um, „wenn tatsächlich mal einer kommen würde und ‚morgen' umsonst zechen will."

„Damals erfüllte es viele Funktionen – sei es als Umschlagplatz von Gerste für die Bierbrauer oder als Poststation."

So geht's zum Hausspruch:

Der Gasthof zur Post befindet sich gegenüber der Pfarrkirche St. Stephan direkt an der B8.

IHS · V · R · S · N · S · M · V · S · M · O · L · I · V · B
C S S M L
N D S M D
C S P B

43

Hexenkreuz

„Weiche zurück, Satan!"

„Da drin, im Hauser-Hof, da gibt es ein Geheimnis", erinnert sich Claudia Karl-Fischer an die Worte ihres Vaters, „ein Hexenkreuz!" Jedes Mal, wenn die Mitarbeiterin des *Straubinger Tagblatts* als Kind mit ihrem Vater an besagtem Hof vorbeigefahren ist, hat er ihr von dem Geheimnis erzählt. Denn an der Außenwand einer Stallung hängt eine alte steinerne Tafel. „Die Platte wird Hexenkreuz genannt, zum Schutz gegen die Anhänger Satans", erklärt Claudia Karl-Fischer. „Die Scheune brannte in den 1950er-Jahren nieder", merkt Johannes Hauser an, dessen Familie der Hof in Freundorf – zwischen Bogen und Furth gelegen – gehört. Beim Wiederaufbau der Scheune haben die Hausers der Platte einen neuen Anstrich gegeben und sie wieder über dem Eingang angebracht, ungefähr da, wo sie vor dem Brand hing. Der Stein selbst datiert, wie die Ziffern in jeder der vier Ecken verraten, auf das Jahr 1726.

„Seinen Ursprung hat der Schutzsegen in der ‚Mettener Armenbibel' des 15. Jahrhunderts", erklärt die Heimatinteressierte. Der 1414/1415 fertiggestellte *Mettener Codex* enthält neben einer umfassenden Auflistung des religiösen Wissens auch Sprüche gegen allerlei Gefahren und Bedrohungen. Mit gutem Grund, denn die Zauberinnen vom Natternberg – im Volksmund der Sitz des Teufels – hatten zuvor dem Kloster Metten den Untergang geschworen. Insgesamt 28 verschiedene Schutzformeln finden sich im *Mettener Codex*. Eine davon ist das Benediktuskreuz, ein Segen, der bis heute in Form von Amuletten oder Medaillen getragen wird.

Dass es sich bei dem „Hexenkreuz", der steinernen Tafel an der Stallung, um den Segen des Heiligen Benedikt handelt, verraten die Lettern in den Winkeln des inneren Kreuzes, die aufgelöst für *C*rux *S*ancti *P*atris *B*enedicti stehen. Die übrigen Buchstaben beziehen sich auf eine Abbildung des Heiligen Benedikt im *Mettener Codex*. In dieser Buchmalerei hält er ein Kreuz in seiner Hand, auf dem sich eine

Der Segen des Heiligen Benedikt soll vor Hexen und anderen Bedrohungen schützen.

Inschrift befindet, deren Anfangsbuchstaben denen auf der Steinplatte entsprechen: *C*rux *S*acra *S*it *M*ihi *L*ux *N*on *D*raco *S*it *M*ini *D*ux. Übersetzt: „Das heilige Kreuz sei mir Licht, nicht der Drache sei mir Führer." In der anderen Hand hält der Heilige ein Spruchband: *V*ade *R*etro *S*atana *N*unquam *S*uade *M*ihi *V*ana *S*unt *M*ala *Q*uae *L*ibas *I*pse *V*enena *B*ibas – „Weiche zurück, Satan, nie überrede mich zum Eitlen! Übles gießest du aus, mögest du dein Gift selber trinken!" Dieser Spruch bezieht sich auf die Legende, der Heilige Benedikt habe einen mit Gift gefüllten Becher zum Bersten gebracht.

Ursprünglich befand sich hier einst der Sitz der Freien von Freundorf, bevor das Anwesen 1331 vom Kloster Oberaltaich aufgekauft wurde. „Im Jahr 1725 ließ Abt Dominicus II. das Gut abreißen und komplett neu als Klosterschweige aufbauen", erklärt Claudia Karl-Fischer. In diesem Zusammenhang ließ der Abt (1683-1757) zum Schutz gegen das Böse und jegliches Unheil auch das Hexenkreuz anbringen. Mit der Säkularisation Anfang des 19. Jahrhunderts geriet der Hof in privaten Besitz und gehört seit über 100 Jahren der Familie Hauser – der „Hauser-Hof" eben, wie der prächtige Barockbau inmitten der idyllischen Szenerie genannt wird.

„Im Jahr 1725 ließ Abt Dominicus II. das Gut abreißen und komplett neu als Klosterschweige aufbauen."

So geht's zum Hexenkreuz:

Die Steinplatte befindet sich an der Außenwand der Scheune am Hauser-Hof. Wenn das Tor an der Ostseite geöffnet ist, heißen die Besitzer Besucher willkommen, weisen aber darauf hin, dass das Privatgrundstück videoüberwacht ist.

Alois Seidl (links) und Gerhard Vandieken stehen neben dem Tisch, der früher als Milchbankerl diente.

44

Milchbankerl

Ein Porsche eben

Auf einer Wiese in Unterzeitldorn direkt an der Straße nach Sossau steht er, der große Tisch, an dem sich so viel Geschichte erzählen lässt. Zwei massive Betonfüße tragen die schwere Steinplatte, die von einem umlaufenden Metallrahmen eingefasst ist. „Das ist ein Milchbankerl", stellt der gebürtiger Öberauer Gerhard Vandieken klar. „Dort haben die Bauern in den 1960er-Jahren ihre Milch in Kannen zur Abholung bereitgestellt." Vandieken ist mit seinem Bekannten und alten Nachbarn Alois Seidl aus Breitenfeld gekommen. Aus seinem Kofferraum hievt Seidl zwei Kannen, gerade solche, die die Bauern in den 1960er-Jahren hier platzierten. „Schwer san de", ächzt er in niederbayerischem Dialekt. Gerhard Vandieken eilt ihm zu Hilfe, gemeinsam stellen die beiden Männer die großen Milchkannen auf dem Tisch ab.

„Alois Seidl war 1954 bis 1969 als Fahrer für das alte Milchwerk in Straubing unterwegs", erklärt Vandieken, „deswegen hatte er noch Kannen auf seinem Dachboden." Über 90 Landwirte aus dem Gäuboden und dem Vorderen Bayerischen Wald hatten sich 1934 zu einer Genossenschaft zusammengeschlossen und das Milchwerk gegründet. Die Idee kam vom Gut Eglsee: Die jeweils am Bauernhof erzeugte Milch sollte nicht an unterschiedliche Abnehmer geliefert, sondern gemeinschaftlich verarbeitet werden. Die Männer organisierten die Milchversorgung in Straubing und Umgebung neu.

Um die Rohmilch zur Verarbeitung ins Milchwerk zu bringen, mussten die Bauern und Mägde von den umliegenden Höfen die frisch gemolkene Milch auf dem „Milchbankerl" abstellen. „Mit meinem Porsche habe ich die Kannen dann abgeholt", sagt der ehemalige Fahrer und grinst. Vandieken erklärt, sein Freund meine damit seinen alten Schlepper, den knallroten Porsche-Diesel 218. Eben ein Porsche. Doch trotz des motorisierten Fahrzeugs war die Arbeit mühselig – zuvor benutzten die Menschen vielerorts Handkarren, in manchen Ländern Pferde oder sogar Hunde als Zugtiere – denn die Kannen fassen 20 Liter und sind bereits im leeren Zustand schwer. Um die Behälter später bei der Rückgabe auseinanderhalten zu können, war auf den Kannen eine dem Hof zugehörige Nummer eingraviert.

Unterzeitldorn hat Seidl zwar nicht angefahren, aber er war in Breitenfeld, Öberau, Kagers und Straubing unterwegs. Nachdem er dort die Milchkannen eingesammelt hatte, brachte er die Rohmilch zur Verarbeitung ins ehemalige Milchwerk in der Landshuter Straße. Dort wurde in den Anlagen zur Verkäsung vor allem Camembert, Brie und Chester hergestellt. „Zu der Zeit gab es den Durchstich der Donau noch nicht", erklärt Vandieken die Verkehrslage. So konnte Seidl von Breitenfeld direkt nach Süden Richtung Straubing fahren. Heute ist die Öberauer Donauschleife ein Altarm der Donau und erklärtes Naturschutzgebiet.

„Früher", erinnert sich Seidl an seine Kindheit, „also in den vierziger Jahren, bin ich quasi mit Milch großgezogen worden. Warme, frische Milch direkt von den Kühen." In den 50er-Jahren erlebte Milch einen regelrechten Boom. Milchbars wurden zum beliebten Treffpunkt, vor allem für Jugendliche. Da der Ausschank von Alkohol erst mit 21 Jahren erlaubt war, boten die „Bars“ einen willkommenen Ersatz und Rock ‘n‘ Roll aus der Musikbox lockte mit einem Stück amerikanischen Lebensgefühls. Dabei reicht die Erfolgsgeschichte des beliebten Getränks viel weiter zurück: Bereits im 8. Jahrtausend v. Chr. wurden Rinder im Nahen Osten domestiziert. Direkte Beweise durch organische Spuren in Keramiktöpfen belegen dort eine Milchnutzung seit dem 7. Jahrtausend v. Chr., im östlichen Europa seit dem 6. Jahrtausend v. Chr.

Die Bedeutung der nahrhaften weißen Flüssigkeit im täglichen Leben zog sich durch die Zeit, war dem steten Wandel unterworfen. Bereits Mitte der 50er-Jahre wurden in Bayern die ersten Milchsammelwagen eingeführt, denn die gefüllten Kannen waren einfach zu schwer, der Transport aufwendig und in warmen Jahreszeiten hygienisch schwierig. In Straubing brachte Alois Seidl bis 1969 die Milchkannen mit seinem „Porsche“ zum Milchwerk. Danach setzte auch das Milchwerk in Straubing große Tankwagen ein. Alois Seidl blieb aber für die Genossenschaft als LKW-Fahrer tätig.

Mittlerweile ist das Milchwerk Teil der Goldsteig-Käsereien aus Cham und Alois Seidl längst im Ruhestand. Ebenso wie das „Milchbankerl“, neben dem die beiden Männer stehen und über alte Zeiten nachsinnen. „Heute könnte ich so frische Milch nicht mehr trinken. Die hatte viel mehr Fett und war auch nicht lange haltbar, wenn man sie nicht schnell verarbeitete“, sagt der ehemalige Fahrer. Vandieken nickt und ergänzt: „Die schmeckte ganz anders. Das kennt man heute nicht mehr so, es sei denn, man geht direkt zum Bauern.“

„Die schmeckte ganz anders. Das kennt man heute nicht mehr so, es sei denn, man geht direkt zum Bauern.“

So geht’s zum Milchbankerl:

Der Tisch steht wenige Meter neben der Bushaltestelle am Straßenrand an der Kreuzung Windberger Straße und Gollauer Weg.

Quader

Göttliches Wunder

„Eine Sünde wert", so lässt sich die Agnes-Bernauer-Torte, das „Original" der Konditorfamilie Krönner, beschreiben. Wer im gleichnamigen Café direkt am Stadtturm in den Genuss dieser Spezialität kommt oder einfach nur dort vorbeiläuft, dem sind sicherlich einmal die Quader am Eckhaus aufgefallen. Naturbelassen, wie sie sind, springen die vier Lagen großer Steinquader inmitten des weiß-blauen Anstrichs sofort ins Auge. Es wirkt, als würde sich die Oberfläche der Fassade wie ein Vorhang heben, um ein Stück Vergangenheit preiszugeben. Josef Krönner und sein Vater – Josef Erich Krönner – stehen an der Wand des stattlichen Giebelbaus. „Die Geschichte des Hauses reicht bis ins Spätmittelalter zurück. Da sich unsere Konditorei seit 1910 in dem Gebäude befindet, kennen wir die Chronik gut", erklärt Josef junior.

Die Buckelquader an der Ecke stammen von dem ursprünglichen Haus an dieser Stelle, das 1368 erstmals urkundlich belegt ist. Und eben jene Quader bezeugen das Wunder, das einem Besitzer im 14. Jahrhundert widerfahren sein soll, so schreibt es Dorit-Maria Krenn in *Kleine Straubinger Stadtgeschichte*. Dieser – ein vornehmer Mann namens Jordan „Ulein" Utz – wohnte hier Ende des 14. Jahrhunderts. Zu der Zeit stand direkt gegenüber bereits der Stadtturm, wo der „Stadttürmer" im obersten Turmgeschoss damit betraut war, vor Feind und vor Feuer zu warnen. Stand ein Haus einmal in Flammen, war wegen der dichten Bebauung und der Holzschindeldächer schnell ein ganzer Stadtteil in Gefahr.

Doch das Unglück geschah trotzdem. Ein Zeitgenosse Uleins, der Geschichtsschreiber Andreas von Regensburg (1380 - nach 1442), berichtet in seiner *Chronik von den Fürsten zu Bayern* von der Begebenheit, die sich im Mittsommer des Jahres 1393 zugetragen haben soll: Ein gewaltiger Brand tobt in Straubing, die halbe Stadt steht in Flammen. Umgeben von brennenden Häusern sitzt Jordan Utz im

Josef Erich Krönner mit seinem Sohn Josef vor der Konditorei.

Fenster seines großen Anwesens beim Stadtturm und „*[…] sand Peter des zwelfpoten pilde, den er albeg in grossen eren het, und enpfalch das haws dem fürsten der zwelfpoten und lye darinn sein pild[…]*“. In seiner Not legt er also sein Schicksal und das des Hauses in die Hände des Heiligen Petrus, dessen Bildnis er bei sich trägt. Und siehe da, ein Wunder geschieht: Während ringsumher alles in Schutt und Asche fällt, bleibt sein Heim vom Feuer verschont. So stehen noch heute die spätmittelalterlichen Quader an der Ecke und bezeugen den wundersamen Vorfall. Die Steine gehören demnach zu den ältesten Bauteilen der Stadt – aus dieser Zeit stammt übrigens auch das ehemalige Kopfsteinpflaster aus Donaukieseln in der Steinergasse (siehe Geheimnis Kaugummisteine).

Familie Krönner ist aber auch aus einem anderen Grund mit dem Haus verbunden: „Die Vorbesitzer waren Lebzelter – wie auch unsere Vorfahren“, erzählt Josef senior. Und der ehemalige Besitzer Michael Gayer, der das Anwesen 1640 kaufte, übte bereits genau dieses Handwerk aus. Für mehr als 250 Jahre blieb das Haus danach im Besitz der angesehenen Familie Höber, die alle Lebzelter waren. Dieses Berufsbild, so erklärt Josef senior, bestand damals aus einem Doppelhandwerk. Sie waren nicht nur Lebkuchenbäcker, sondern auch Wachszieher, sie verarbeiteten Produkte rund um die Biene – backten mit Honig, zogen Kerzen oder stellten aus vergorenem Honig Met her. Zuvor, im Mittelalter, sammelten Zeidler Honig und die Wachsverarbeitung lag bei den Klöstern. Später aber fanden Honig, Wachs und Honigwein im Handwerk der Lebzelter zusammen. So durfte beispielsweise Johann Peter Höber, der 1758 das Eckhaus erbte, alle Arten von Lebkuchen mit Zusatz von allerlei Gewürzen backen und Wachs bearbeiten. Auch hatte er das Recht, Met herzustellen und zu verkau-

Die naturbelassenen Quader inmitten der blau-weißen Hausfassade.

fen. In dieser Zeit tranken Liebespaare gerne den süßen Honigwein, um ihr „die Schön“ und ihm „die Stärk“ anzutrinken.

Der Stammbaum der Familie Krönner lässt sich bis etwa Mitte des 15. Jahrhunderts zurückverfolgen: zuerst als Bauern, Lehensträger und Braumeister, seit 1759 dann als Lebzelter und Wachszieher. „Weil wir nicht dem Bäckershandwerk, sondern den Lebzeltern entstammen“, so der Vater, „sind wir die älteste Konditorfamilie Deutschlands, die heute noch ihr Handwerk ausübt.“

Nach und nach verdrängte Zucker den Honig als wichtigstes Süßungsmittel, und mit den elektrischen Kältemaschinen begann um 1900 dann die Zeit der Sahnetorten. Heute sind die Krönners keine Lebzelter mehr, sondern Konditoren, und ihre Agnes-Bernauer-Torte ist nicht zu übertreffen. Das tragische Schicksal der Namensgeberin Agnes Bernauer (um 1410-1435), der Geliebten – möglicherweise sogar Gattin – Albrechts III. (1401-1460), wird den meisten Straubingern bekannt sein: Herzog Ernst von Bayern-München (1373-1438), der Vater von Albrecht III., ließ die Baderstochter 1435 in der Donau in Straubing ertränken, da er die Erbfolge seines einzigen Sohnes in Gefahr sah. Als Agnes um 1410 das Licht der Welt erblickte, hatte das Haus, zu dessen Mauerwerk die mächtigen Quader gehören, bereits eine Brandkatastrophe überstanden.

„Weil wir nicht dem Bäckershandwerk, sondern den Lebzeltern entstammen, sind wir die älteste Konditorfamilie Deutschlands, die heute noch ihr Handwerk ausübt.“

So geht’s zu den Quadern:

Das spätmittelalterliche Haus befindet sich direkt gegenüber dem Stadtturm an der Ecke Steinergasse/Theresienplatz.

Steinplatte

Ein rätselhaftes Datum

Die im Boden eingelassene Platte wirkt zunächst vollkommen unscheinbar. Das ist sie aber ganz und gar nicht, mehr noch, mit ihr stimmt etwas nicht, wie Gerhard Brandl versichert. Und er muss es wissen, schließlich kennt er als Mesner jedes Detail in der Basilika. Nur wenige Besucher nehmen die beigefarbene Steinplatte in der Nähe der Sakristei, linkerseits des Altars, überhaupt wahr. Kein Wunder, denn die spätgotische Hallenkirche strotzt nur so vor Blickfängern namhafter Künstler: die Altar-Gemälde von Michael Wolgemut (1434-1519), das „Mosesfenster“, dessen Entwurf seinem Schüler Albrecht Dürer (1471-1528) zugeschrieben wird, oder die Rokokokanzel, an welcher der berühmte Bildhauer Mathias Obermayr (1720-1799) mitgearbeitet hat. Die wenigsten Besucher würden hier also nach unten blicken.

Es sei denn, sie sind mit Gerhard Brandl unterwegs, der sie auf die Platte hinweist. Dann fallen die Schriftzeichen auf, welche die Steinplatte als Epitaph, als Grabinschrift, erkennen lassen. Diese finden sich oftmals an Kirchenwänden oder, wie hier, im Boden eingelassen – eine Ehre, die nicht vielen Toten gewährt wird. Mit Epitaphien wurde in Kirchen meist nur an bedeutende Bürger, an Adelige oder – wie in diesem Fall – an kirchliche Würdenträger erinnert. „Der Verstorbene“, sagt der Mesner, „hieß Paul Windisch.“ Und er war, so ist es in Quellen überliefert, seinerzeit Stadtpfarrer in St. Jakob. Ursprünglich kam er aus Schwandorf, nördlich von Regensburg. In Regensburg erhielt er die Priesterweihe, studierte 1545 an der Universität Ingolstadt und diente dann dem Bischof von Regensburg. Vom bayerischen Herzog Albrecht V. (1528-1579) wurde er schließlich 1558 zum Stadtpfarrer in Straubing bestellt.

Der Mesner kniet sich auf den Boden und fährt mit den Fingern über die in großen römischen Lettern eingemeißelte Inschrift. Dort steht geschrieben:

Gerhard Brandl zeigt auf die im Boden eingelassene Steinplatte in der Basilika.

R DN / M PAVL / WINDISCH PAROC / STRAVB OB AO M.D. / LXIII. XXXI. FEBR

Das gibt Rätsel auf. Aber sie lassen sich lösen, wie die hier in Klammern angegebenen Ergänzungen nach Alfons Huber, dem Stadtheimatpfleger Straubings, zeigen:

R(EVERENDVS) D(OMI)N(VS) / M(AGISTER) PAVL(VS) / WINDISCH PAROC(HVS) / STRAVB(INGANVS) OB(IIT) A(NN) O M.D. / LXIII. XXXI. FEBR(VARII).

Die Inschrift besagt also, dass der ehrwürdige Herr Magister Paul Windisch, Pfarrer zu Straubing, im Jahr 1563 verstarb. „Jetzt kommt das Spannende", verspricht Brandl. Die letzten beiden Zeilen geben das Sterbedatum an. Die römischen Zahlen MDLXIII bezeichnen das Jahr 1563. Danach folgt die Angabe des Tages, wobei XXXI der Zahl 31 entspricht. Die Abkürzung FEBR steht, man kann es sich denken, für den Monat Februar. Als Datum ergibt sich also der 31. Februar. „Der 31. Februar", wiederholt der Mesner und grinst – da kann doch was nicht stimmen! „Es wird vermutet, dass es am Julianischen Kalender liegt", erklärt er. Dieser war 1563 noch in Gebrauch, bevor er vom gregorianischen Kalender abgelöst wurde. Eingeführt im Römischen Reich von Julius Caesar (100-44 v. Chr.), unterschied sich das Konzept des alten Kalendersystems vom heutigen zunächst kaum. Das Jahr hatte ebenfalls zwölf Monate und alle vier Jahre gab es ein Schaltjahr. Diese Kalenderrechnung hatte allerdings ihre Macken, denn die Voraussagen für die Positionen der Gestirne am Himmel wichen von den tatsächlichen immer weiter ab. Dadurch wurden signifikante Daten falsch berechnet, wie der Beginn des Osterfestes, der sich am Frühlingsvollmond orientiert. Papst Gregor XIII. (1502-1585) ordnete deshalb 1563 – also in dem Jahr, in dem Paul Windisch starb – eine

Die Inschrift mit Sterbedatum des ehemaligen Stadtpfarrers Paul Windisch.

Reform an. Umgesetzt wurde diese Änderung jedoch erst zwei Jahrzehnte später: Das Datum sprang dadurch vom 4. Oktober 1582 direkt zum 15. Oktober 1582. Der neue Gregorianische Kalender hatte nun aufgrund einer besonderen Schaltjahrregel eine bessere Annäherung an das tatsächliche Sonnenjahr als der Julianische.

„Der Julianische Kalender aber", fährt der Mesner fort und schüttelt den Kopf, „hat im Februar ebenfalls keine 31, ja nicht einmal 30 Tage." Laut diesem Kalendersystem besitzt der Februar 28, in einem Schaltjahr 29 Tage. Wie also kommt es zu dem kuriosen Datum? Den tatsächlichen Todestag des verstorbenen Pfarrers herauszufinden, gestaltet sich schwer und ist wahrscheinlich chancenlos. Die Aufzeichnungen über Beerdigungen in den Pfarrbüchern für die Basilika reichen laut Bistum Regensburg nicht weiter zurück als ins Jahr 1625. Der Mesner hat allerdings einen Verdacht: „Ein Fehler des Steinmetzen", vermutet er. Der Steinmetz könnte eine römische Zehn (X) zu viel gemeißelt haben, woraus sich statt des 21. der 31. Februar ergab.

„Ein Fehler des Steinmetzen."

Gerhard Brandl, der seit neun Jahren als Mesner in der Basilika arbeitet, wird es wahrscheinlich nie mit Sicherheit erfahren, wie genau es zu der unzutreffenden Angabe kommen konnte. Brandls Blick verharrt auf der Steinplatte mit dem sonderbaren Datum. Für ihn macht es dieses Geheimnis nur umso spannender.

So geht's zur Steinplatte:

Die Platte befindet sich in der Basilika St. Jakob. Sie ist auf der linken Seite des Altars, direkt vor der Türe zur Sakristei, im Boden eingelassen.

Irene Wiesbeck kennt die Geschichten vom Fährhäuschen und den Fährmännern von ihrem Vater Alfred Warmuth.

47

Fährhäuschen

Einen reißenden Strom überqueren

Auf einer Strecke von mehr als 2.800 Kilometern bahnt sich die Donau als zweitlängster Fluss Europas ihren Weg, von ihrer Quelle im Schwarzwald bis zur Mündung im Schwarzen Meer. Überall prägt sie die Szenerie, schafft einzigartige Naturräume und formt malerische Landschaften. Wer bei Irling an der Donau spazieren geht, kommt in den Genuss eines wunderschönen Panoramas. Dort zeigt der Fluss auch seine Bedeutung als natürliche Grenze auf – nicht ohne Grund folgte der Limes, die ehemalige Militärgrenze des Römischen Reichs, zu großen Teilen der Donau. Ist sie doch eine Barriere, die ohne Hilfsmittel kaum zu überwinden ist.

„An dieser Stelle verkehrte einst eine Fähre über die Donau“, sagt Irene Wiesbeck und schaut hinüber auf das nördliche Ufer. „Das ehemalige Fährhäuschen steht noch heute dort. Es diente den Fährmännern, den Uferern, als Übernachtung oder zum Aufwärmen“, fährt die Geschichtsinteressierte fort. Für die Überfahrt nutzten die Uferer, wie für eine Gierseilfähre üblich, die natürliche Strömung. Um auf die andere Seite zu gelangen, hängten sie das lange Fährseil, das an einem Anker in der Mitte des Flusses befestigt war, so an der Seite der Fähre ein, dass sie – einmal im Strömungsbereich angekommen – durch die entstehende Querkraft zum anderen Ufer getrieben wurde. Eine gefährliche Angelegenheit! Nicht nur musste der Uferer aufpassen, dass er kein stromabwärts fahrendes Schiff übersah, sondern er und seine Passagiere waren der Gewalt der Donau auch immerzu ausgesetzt. „Einmal setzte ein Fährmann ein paar Radfahrer über, als ein Karabinerhaken auf halber Strecke brach. Durch die starke Strömung riss es die Insassen auf der unlenkbaren Fähre immer weiter flussabwärts.“ Dank eines glücklichen Zufalls befand sich die Wasserpolizei in der Nähe und konnte die Umhertreibenden samt Fähre retten.

Die Leiterin der Volkshochschule in Kirchroth kennt diese Geschichten von ihrem Vater Alfred Warmuth, der den Fährbetrieb noch erlebte und selbst nutzte, bevor dieser 1966 eingestellt wurde. Zwei Seilfähren habe es damals zur Überfahrt gegeben: die kleine „Plätte“, ein flaches Schiff zur Personenbeförderung, und die größere „Foam“, wie sie mundartlich für *Form* genannt wurde, zum Warentransport. Mit der kleinen Fähre fuhren vor allem Tagelöhner, die auf der anderen Seite des Flusses Arbeit gefunden hatten, oder Tagesausflügler, wenn sie auf die Suche nach Heidelbeeren oder Schwammerl gingen. Mithilfe der großen Seilfähre konnten sogar Pferde- oder Ochsenfuhrwerke übersetzen.

„Ein Ereignis aus seiner Kindheit, kurz vor Ende des Zweiten Weltkriegs, blieb meinem Vater dabei besonders in Erinnerung“, erzählt Irene Wiesbeck. „Seine Mutter, eine Hebamme, half damals einer gut betuchten Frau in Aholfing bei der Geburt ihres Kindes. Als Dank erhielt sie einen großen Sack Kartoffeln – ein wertvolles Geschenk in dieser Zeit. Mein Vater war es dann, der die kostbare Fracht mit dem Leiterwagen holen sollte. Zunächst also zu Fuß von

Wörth nach Kiefelmauth, dann mit der Fähre nach Irling übersetzen und weiter nach Aholfing, die Kartoffeln abholen", gibt sie die Geschichte ihres Vaters wieder. „Der Heimweg war derselbe – nur mindestens doppelt so anstrengend mit dem schweren Leiterwagen." Einen ganzen Tag habe die Aktion gedauert.

„Die Fähren befanden sich im Privatbesitz der Familie Schinhärl, die 1871 das nördlich gelegene Gut Kiefelmauth erwarb und daher auf eine Möglichkeit zum Übersetzen angewiesen war", erklärt Irene Wiesbeck. Der Name des Guts verwies auf dessen Bedeutung als einstige Zollstelle, denn „Küfelmauth" – die ursprüngliche Bezeichnung – leitet sich von den „Küfeln" ab, den kleinen Holzfässern zum Transport von Salz. Um 1200 legte der Bischof von Regensburg, Konrad III. (gestorben 1204), dort eine Zollstelle für Salz an, gedacht als Repressalie gegen den Bischof von Passau, Wolfger von Erla (um 1140-1218). So sollte die Fracht aller donauaufwärts fahrenden Schiffe, die Salz von Bad Reichenhall über Passau nach Regensburg brachten, verzollt werden. In diesem Zusammenhang entstand auch das Gut. Zur Vergeltung erhob dann der Passauer Bischof wiederum Steuern für die donauabwärts fahrenden Schiffe. Da beide über diesen Zustand unglücklich waren, einigten sie sich nach kurzer Zeit auf einen Verzicht der Zölle – die in den nachfolgenden Jahrhunderten allerdings wieder erhoben wurden. Der Bayerische Herzog Albrecht IV. (1447-1508) beispielsweise strebte an, den Warenfluss zu überwachen und so durch Abgaben finanziell zu profitieren. Daher schuf er ein System von Kontrollpunkten rund um Regensburg. Die Händler aber versuchten die teuren Zölle zu umgehen, indem sie statt der überwachten Brücken kleine Fähren zum Überqueren des Flusses nutzten.

Blick auf das Donaupanorama mit Fährhäuschen.

Es war lange möglich, die Donau in dieser Gegend nicht nur in Irling zu überqueren, fährt Irene Wiesbeck fort: „Zwei weitere Fähren – beide heute ebenfalls außer Betrieb – verkehrten von Aholfing nach Niederachdorf und von Niedermotzing nach Pittrich." Wegen zunehmender Auflagen und Vorschriften sowie infolge des Baus der Donaubrücke bei Pfatter rentierte sich der Fährbetrieb schließlich an keinem der drei Standorte mehr.

Das Gut Kiefelmauth wurde 1985 bis auf die Kapelle, die noch heute dort steht, abgebrochen. Im Zuge dessen drohte auch der Abriss des Fährhäuschens. Doch unterstützt durch den ehemaligen Heimatpfleger Michael Wellenhofer schafften es die ehemaligen Besitzer, das historisch bedeutende Gebäude zu erhalten: Heute steht es unter Denkmalschutz. Da es sich noch immer in Privatbesitz und inmitten eines Naturschutzgebiets befindet, sollte es nicht betreten werden, erklärt die Ortskundige. Am besten sei das Häuschen sowieso vom Irlinger Ufer zu sehen. Dort präsentiert sich die Donau von ihrer schönsten Seite, mit Blick auf das Wörther Schloss.

„Zwei weitere Fähren – beide heute ebenfalls außer Betrieb – verkehrten von Aholfing nach Niederachdorf und von Niedermotzing nach Pittrich."

Der friedliche Eindruck des Flusses täuscht allerdings – wer beobachtet, in welcher Geschwindigkeit die Enten von der Strömung getrieben werden, kann sich vorstellen, welche gewaltigen Kräfte in der Donau stecken.

So geht's zum Fährhäuschen:

Das Häuschen befindet sich auf der nördlichen Uferseite und kann in Irling von dem Feldweg aus, der parallel zur Donau verläuft, gut gesehen werden.

Siebenlinge

Sagenhaftes Wunder oder wundervolle Sage?

Es ist das Jahr 1390, als sich zwischen Donau und Isar ein sensationelles Wunder ereignet: Eine adelige Frau bringt Mehrlinge zur Welt, ganze sieben an der Zahl. Als sei das nicht schon spektakulär genug, soll sich bereits ein Jahr später eine weitere Siebenlings-Geburt zugetragen haben – beide Male kamen nur Knaben zur Welt. Und, um noch eins oben draufzusetzen: jeweils von derselben Mutter! So zumindest lautet die Beschreibung des Mirakels, festgehalten auf einem Gedenkstein aus dem Jahr 1617.

Auf besagten Stein stieß Dr. Johann Kirchinger 2014 in der Taufkapelle, als er den Kirchenführer für die *Benefiziumskirche Hailing* verfasste. „Um einen Stammbaum mit Wappen ordnen sich verschiedene Motive an. Auf der linken Seite ist eine kniende Gestalt in Rüstung dargestellt. Rechts kniet eine Frau, unter deren Mantel sich 14 Kinder sammeln, jeweils sieben auf jeder Seite“, erklärt der Mitarbeiter an der Universität Regensburg die Darstellung. Die Inschrift beschreibt das Wunder der doppelten Siebenlings-Geburt: *„Als man zelen thot 1390 Jar / Brigitta von Stiegelhaimen 7 Kind gebar / Und nächst Jar so vil daß ander mahl / Wahren all Söhn 14 an der Zahl / Diß zaigt ahn ain ausgehauter Stain / Mit gemainer Sag, der hie ist gemauert ein / Von deren Stamm Gott noch aufgegeben / Hans Urban, sein Söhn und Vettern die jetzt im Leben.“*

Der Gedenkstein stellt eine Besonderheit dar – nicht nur wegen der darauf bezeugten Mehrlingsgeburten –, sondern auch deswegen, weil es in Niederbayern nicht viele Denkmäler aus der Zeit des frühen 17. Jahrhunderts gibt. Doch was ist dran an der Geschichte der vermeintlich zweifachen Siebenlings-Mutter Brigitta von Stingelheim? Der Historiker Johann Kirchinger benennt erst einmal das, was sicher ist: Fakt ist, dass das niederadelige Geschlecht der Stingelheimer existiert hat, sowohl der Stifter des Gedenksteins, Hans Urban von Stingelheim, als auch die beiden auf der Platte dargestellten Figuren: auf

Johann Kirchinger steht in der Taufkapelle vor dem von Hans Urban von Stingelheim gestifteten Gedenkstein.

der rechten Seite Brigitta von Stingelheim, links ihr Gatte Friedrich. Für einige Jahrzehnte wurde das Adelsgeschlecht im 14./15. Jahrhundert mit dem Ammerhof in Hailing belehnt.

„Das Wunder, das auf dem von Hans Urban gestifteten Stein dargestellt wird", fährt der Kirchenexperte fort, „bezieht sich auf eine Legende, die auf der Außenseite des Chorgangs beschrieben wird." Dort hängt eine spätgotische Gedenkplatte mit einer Ölberg-Szene – leider stark verwittert – die Brigitta von Stingelheim mit ihren Siebenlingen zeigt, jeweils zu ihrer rechten und linken Seite, wie es auch auf dem Gedenkstein in der Taufkapelle der Fall ist.

Zweimal nacheinander soll Brigitta von Stingelheim Siebenlinge zur Welt gebracht haben.

Es gibt also sogar zwei derartige Relikte – den von Hans Urban gestifteten Gedenkstein sowie die Platte mit Ölberg-Szene! Somit scheint die Sache klar zu sein: Die Stingelheimerin gebar zweimal Siebenlinge. Und als sei das nicht Beweis genug, beschreibt auch noch der kurbayerische Archivar Johann Lieb (1566-1650) im 17. Jahrhundert ein „miraculum" – nämlich die doppelte Siebenlings-Geburt von 1390 und 1391. Sowohl der Geschichtsschreiber als auch Hans Urban von Stingelheim griffen also die Geschichte des Wunders, das sich etwa 200 Jahre vor ihrer Zeit abgespielt hatte, im 17. Jahrhundert wieder auf.

Doch Johann Kirchinger schüttelt den Kopf: „So war das bestimmt nicht." Einen wahren Kern mag die Geschichte durchaus haben, merkt er an, vielleicht gab es tatsächlich eine Mehrlingsgeburt. „Zweimal Siebenlinge – jeweils nur Söhne – in zwei aufeinander folgenden Jahren halte ich für ausgeschlossen." Zumal auf dem im Jahr 1410 gesetzten Grabstein zu Brigitta von Stingelheims Tode, der sich ebenfalls auf der Außenwand der Kirche neben dem spätgotischen Gedenkstein befindet, keine Rede von einer mirakulösen zweifachen Siebenlings-Geburt ist. Außerdem nennt der Archivar Johann Lieb in seiner Beschreibung des „miraculums" weder Brigitta von Stingelheim noch ihren Gatten Friedrich.

„Zweimal Siebenlinge – jeweils nur Söhne – in zwei aufeinander folgenden Jahren halte ich für ausgeschlossen."

Vermutlich entwickelte sich aus mündlichen Überlieferungen eines besonderen Ereignisses eine Legende, die Brigittas Nachfahre Hans Urban von Stingelheim im 17. Jahrhundert wieder aufgriff. Keine ungewöhnliche Sache: In der Vergangenheit wurden tatsächlich existierende Namen und Orte als reale und somit glaubwürdige Rahmenbedingungen mit legendären Ereignissen in Verbindung gebracht. Waren die Geschehnisse dann noch – buchstäblich – in Stein gemeißelt, steigerte das ihre Glaubwürdigkeit. Schließlich hat es ja auch Vorteile, sich für die Narrative des Geschlechts solche Wunder zunutze zu machen, spricht es doch für die gute Konstitution und Potenz der Vorfahren. Doch der Historiker muss leider enttäuschen: Es bleibt eine wundervolle Sage, kein sagenhaftes Wunder!

So geht's zu den Siebenlingen:

Der Gedenkstein, den Hans Urban von Stingelheim 1607 anfertigen ließ, befindet sich in der Taufkapelle in der Hailinger Kirche. Der Grabstein seiner Vorfahrin Brigitta von Stingelheim und die Platte mit Ölberg-Szene sind an der Außenwand des Chorgangs angebracht.

49

Hohlweg

Unterwegs auf mittelalterlichen Fernwegen

Sind es Spülrinnen, entstanden durch ablaufendes Wasser? Oder stammen die Furchen im Boden vom Transport von Baumstämmen? Es gibt einige Spekulationen, die sich um die Vertiefungen entlang der bewaldeten Hügel nördlich von Kirchroth ranken. Karl Stecher, ehrenamtlicher Mitarbeiter der Kreisarchäologie des Landkreises Straubing-Bogen, steht inmitten eines solchen Grabens. Seit vielen Jahren schon beschäftigt sich der Heimatforscher mit diesen Vertiefungen. „Es sind die Überreste alter Wegenetze", erklärt er, „sogenannte Hohlwege." Entstanden sind diese Gräben, die teilweise metertief in das Gelände eingeschnitten sind, aufgrund der Benutzung durchfahrender Fuhrwerke. Dass Wasserläufe die ehemals genutzten Wege ausgespült haben und diese auch halfen, dort leichter Holz transportieren zu können, steht damit nicht im Widerspruch. Dem pensionierten Beamten ist es gelungen, mithilfe topografischer Karten und Erkundungen im Gelände zahlreiche solcher Hohlwege und Fahrrinnen aufzuspüren. In dieser Gegend fänden sich auf einer Strecke von einem Kilometer, so berichtet er, teilweise bis zu 60 solcher Rinnen. „War einer dieser Wege nicht mehr benutzbar, beispielsweise weil der Untergrund durch das starke Ausnutzen von Bremsschuhen oder starken Niederschlag ausgeschwemmt wurde, legte man parallel einen neuen Weg an."

Mittelalterliche Quellen und historische Karten halfen Stecher schließlich dabei, ein ganzes Wegenetzwerk zu rekonstruieren. Denn nicht nur hier, sondern überall zwischen Bogen und Kirchroth finden sich solche Fahrrinnen, die sich über die nördlich gelegenen Berghänge erstrecken. Diese führten etwa auf Höhe von Mitterfels wieder zusammen und mündeten in ein Fernwegesystem nach Cham, das sogar weiter bis nach Böhmen reichte.

Was das Alter der Hohlwege angeht, ist es schwierig, eine genaue Aussage zu treffen: Direkte Datierungsmöglichkeiten gibt es nicht

In dem Waldstück nördlich von Kirchroth befinden sich zahlreiche Hohlwege wie dieser, in dem Karl Stecher steht.

viele, es existieren keine architektonischen Reste oder archäologischen Objekte, die eine exakte Altersbestimmung ermöglichen könnten. Stechers Vermutung ist allerdings, dass diese Strecke bereits in vorgeschichtlicher Zeit genutzt wurde, insbesondere aber im frühen Mittelalter. Ein bedeutender Hinweis ist, dass Klostergründungen entlang wichtiger Straßen stattfanden – und von Chammünster aus erfolgte beispielsweise ab dem 9. Jahrhundert eine starke Christianisierung der Gegend durch Mönche.

Wenn auch direkte Datierungen eine Herausforderung darstellen, verbleiben trotzdem Möglichkeiten, die Nutzungsphasen einzugrenzen. Ein entscheidender Unterschied ist beispielsweise, ob die Route durch Täler oder entlang von Bergrücken verlief. Denn vor dem 14. und 15. Jahrhundert führten sie als Höhenwege möglichst direkt zu den Zielorten – und nicht durch bestehende Siedlungen. Erst mit der Bevölkerungszunahme ab dem 11. Jahrhundert und dem daraus resultierenden Wachstum der Städte und Märkte in den nachfolgenden Jahrhunderten ergab sich daraus im 14. Jahrhundert der Ausbau eines Netzwerks, bei dem die Städte fortan als Verkehrsknotenpunkte dienten. Dadurch verlagerten sich die Wegenetze mehr zu den Siedlungen und somit in die Täler. Höhenwege waren aber weiterhin in Benutzung, unter anderem als Triebwege für Vieh.

Doch wie sollten die Reisenden auf einer so langen Strecke auf der richtigen Route bleiben, wenn Wind und Wetter die Wege in Mitleidenschaft zogen? „Einerseits halfen natürliche geografische Gegebenheiten, wie markante Bergrücken, als Orientierungshilfen“, erklärt der Altwegeforscher. Andererseits, fährt er fort, markierten im Mittelalter Flurkreuze – aus Granit oder Sandstein – nicht nur ehemalige Grenzverläufe, sondern wiesen den Durchreisenden auch auf die Richtung der Hauptroute hin, da die Kreuzbalken stets danach ausgerichtet waren (siehe Geheimnis Flurkreuz). Ältere Wege folgten dabei der Flucht dieser bestehenden Grenzen, wohingegen jüngere Wege die alten Grenzverläufe durchschnitten.

„Einerseits halfen natürliche geografische Gegebenheiten, wie markante Bergrücken, als Orientierungshilfen.“

„Verkehrsregeln existierten übrigens auch", ergänzt Stecher. „Für den Aufstieg und Abstieg gab es unterschiedliche Wege. Denn ein gegenseitiges Ausweichen beladener Ochsenkarren war am Hang entsprechend schwer." Nicht weit von hier, erzählt er, auf der anderen Seite der Landesstraße, existiere eine sehr tiefe Rinne, die zur Abfahrt gedient habe. Für den Weg nach unten nahmen die Reisenden sehr steile Abfahrten in Kauf, denn das Ausweichen auf weniger gefährliche Hänge bedeutete einen enormen Zeitverlust. Um zu verhindern, dass die Wägen bei der Abfahrt unkontrolliert beschleunigten, blockierten sie die Räder mit Bremsschuhen oder Ketten. Für anspruchsvolle Aufstiege nutzten sie Vorspanndienste, bei denen zusätzliche Zugtiere an die Fuhrwerke gespannt wurden. Stecher vermutet, dass die Bauern der Höfe am Fuß des Hanges solche Dienste einst angeboten haben.

„Verkehrsregeln existierten übrigens auch. Für den Aufstieg und Abstieg gab es unterschiedliche Wege. Denn ein gegenseitiges Ausweichen beladener Ochsenkarren war am Hang entsprechend schwer."

Noch heute erinnern im Bayerischen Wald zahllose Gräben an die mühseligen Auf- und Abstiege der vollgepackten Wägen. Wer einmal auf Erkundungstour geht, vor allem nördlich von Kirchroth, wird selbst einige dieser Hohlwege entdecken können, versichert der Heimatforscher. Es lohnt sich also gleich doppelt, dort spazieren zu gehen: Einerseits verspricht die Natur Erholung, andererseits bietet der Wald ein einmaliges Abenteuer beim Entdecken verborgener Relikte aus der Vergangenheit.

So geht's zum Hohlweg:

Der beschriebene Altweg befindet sich in dem Waldstück „Die Sieben Brunnen" zwischen Krumbach und der St2148 von Kirchroth nach Norden. Viele weitere Hohlwege finden sich in den umliegenden Wäldern entlang des Bayerischen Waldes.

50

Inschrift

Auf römischem Boden

Der Blick wandert von der Zwiebelhaube hinunter, den hohen Kirchturm mit seinen gelben Streifen entlang bis ans untere Ende des Turms, etwa einen Meter über dem Boden. An dieser Stelle befindet sich eine kleine Aussparung, eine Art Fenster, das einen Blick in die Vergangenheit gewährt: Dort hängt eine Steinplatte mit römischer Inschrift. Die Schrift zu entziffern, gestaltet sich für Laien jedoch als Herausforderung, zumal die in der *Capitalis monumentalis*, römischen Großbuchstaben, verfasste Inschrift auf dem Kopf steht. Außerdem sind einige der Buchstaben – wie das A und das N – als Ligatur geschrieben, also miteinander verschmolzen. Und nicht nur das: Teile der Inschrift sind von der umgebenden Mauer verdeckt. Für Archäologie-Professor Günther Moosbauer stellt das Entziffern jedoch kein Problem dar und er liest vor, was dort noch zu erkennen ist:

AN XXXV S AVR TACITV / AN XVIII CRISPINE CON / E S AVR ATTICINO FIL / VIVI FECERVN

Alles klar? Nein? Macht nichts, denn der Archäologe kann die Worte auf dem Stein nicht nur entziffern, sondern auch ergänzen, da der Stein bereits in den 1995/1996 intensiv von ihm untersucht wurde. Inklusive fehlender Buchstaben, aufgelöster Ligaturen und Ergänzungen würde es nämlich heißen:

VIXIT ANNOS XXXV SEXTUS AVRELIUS TACITUS / VIXIT ANNOS XVIII CRISPINE CONIUGI / E SEXTUS AVRELIUS ATTICINO FILIO / VIVI FECERVNT

Immer noch unklar? Kein Problem, denn Professor Moosbauer verrät, worum es in der Inschrift geht: „Die Inschrift ist Teil eines Grabsteins. Der erste Name fehlt. Dann wird der Name eines Sextus Aurelius Tacitus angeführt, gestorben mit 35 Jahren. Als Gattin wird eine Crispina genannt, die 18 Jahre alt geworden ist, und der Sohn Atticinus, die diesen Grabstein noch zu ihren Lebzeiten setzten." Es könnte sich also

Professor Günther Moosbauer zeigt auf die Grabplatte, die aus einem Gräberfeld des 2. oder 3. Jahrhunderts stammt.

um eine Inschrift für ein Familiengrab handeln, die an einen Unbekannten, den 35-jährigen Sextus Tacitus sowie dessen 18-jährige Gattin Crispina und den gemeinsamen Sohn Atticinus erinnert. Die Gepflogenheit, sich zu Lebzeiten das eigene Grabmal zu errichten, war bei den Römern weit verbreitet. Der Leiter des Gäubodenmuseums erklärt, dass der Stein aus einem Gräberfeld des 2. oder 3. Jahrhunderts n. Chr. stammt, das einst zu einem römischen Gutshof gehörte.

Zu der Zeit hatte der Allachbach, der seine Quelle südwestlich von Straubing hat und von dort durch den Stadtteil Alburg und weiter in die Stadt fließt, eine bedeutende Rolle. Nicht nur die römischen Kastelle befanden sich nahe der Mündung des Allachbachs, der in ein Altwasser der Donau fließt (siehe Geheimnis Kastellgrenze), sondern auf den Terrassen entlang des Flusses zogen sich viele römische Siedlungen hin und Gutshöfe, die auch als *villa rustica* bekannt sind. „Der Begriff *Streuhof* gefällt mir besser", merkt der Archäologe allerdings an. „Das macht den Aufbau dieser landwirtschaftlichen Betriebe deutlicher. Dabei handelte es sich um einen Komplex aus mehreren Gebäuden. Neben dem Hauptgebäude für die Besitzer gab es Nebengebäude, wie Räume für das Gesinde, den Stall, Getreidespeicher und so weiter." Im 4. Jahrhundert führten anhaltende Einfälle germanischer Stämme wie der Juthungen 357/359 n. Chr. jedoch zur Auflassung der römisch geprägten Gutshöfe im Gäuboden. Germanen besiedelten nun zunehmend das Land.

Seit mindestens 1.200 Jahren befindet sich die Platte kopfüber am Kirchturm.

Hinweise, seit wann die Inschrift im Turm verbaut ist, liefern Dokumente im Zusammenhang mit der Herrschaft der Agilolfinger ab dem 6. Jahrhundert. Denn Alburg stellte für das Adelsgeschlecht, das keinen singulären Herrschersitz hatte, sondern von Pfalz zu Pfalz reiste, eine wichtige Station dar. „Im nahe gelegenen Aiterhofen existierte ein Herzogshof des Geschlechts der Agilolfinger", fährt der Archäologe fort, „weswegen sich der berühmte Herzog Tassilo sicherlich mehrmals in dieser Region aufhielt." Und ein altes Schriftstück im Zusammenhang mit eben diesem Tassilo III. (um 742-796) liefert ein wichtiges Indiz, seit wann die Kirche überhaupt existiert: „In einer Schenkungsurkunde von 777 steht geschrieben, dass das von Herzog Tassilo gegründete Kloster Kremsmünster Einkünfte aus einer Kirche erhielt, die sich in seinem Besitz befunden hat." Dass es sich dabei um die Kirche in Alburg gehandelt hat, belegt ein Dokument aus dem Jahr 791, als Karl der Große diese Schenkung bestätigt und in dem Zusammenhang eine Martinskapelle erwähnt: Diese befand sich nämlich in der heutigen Pfarrkirche St. Stephan.

Museumsleiter Günther Moosbauer geht davon aus, dass zu der Zeit, als Tassilo III. im Besitz der Kirche war, die Inschrift bereits Bestandteil des Turms war – schließlich stellten solche „alten Steine" willkommenes Baumaterial dar. Das erklärt auch, wieso dieser scheinbar recht gleichgültig kopfüber verbaut wurde. Und es war nicht das einzige wiederverwendete Grabmal: „Ein weiteres Exemplar wurde 1957 beim Abriss der alten Kirche gefunden. Darauf befinden sich ebenfalls eine Inschrift und die Darstellung einer römischen Familie", ergänzt der Leiter des Gäubodenmuseums. „Schade ist natürlich", bedauert der Günther Moosbauer, „dass das Relikt zunehmend verwittert." Doch wie mit solchen Baudenkmälern umgegangen werden muss, sei kein einfaches Thema. Zwar würde der Stein unter den Umwelteinflüssen leiden, aber andererseits dürfe die Platte nicht isoliert betrachtet werden. Denn als Spolie – also als wiederverwendetes Bauteil – ist sie auch fester Bestandteil der Kirchengeschichte: „Der Grabstein hängt schließlich seit mindestens 1.200 Jahren am Fuß des Kirchturms."

So geht's zur Inschrift:

Die Grabplatte hängt kopfüber an der Nordwestecke des Kirchturms in Alburg.

Quellen, Literatur, Bildnachweis

Agsteiner, Hans: „Stiftsverlegung 1581 Pfaffmünster – Straubing". In: Historischer Verein für Straubing und Umgebung e.V. Hrsg. Beiheft zum Jahresbericht des Historischen Vereins für Straubing und Umgebung. Band 82 (1979/80). Straubing 1981, S. 7f., 11, 32, 42.

Akademie der Wissenschaften und der Literatur: Deutsche Inschriften Online. DI 74, Inschriften des Regensburger Doms (I), Nr. 230 (Walburga Knorr, Werner Mayer). URL: https://nbn-resolving.de/urn:nbn:de:0238-di074m013k0023008. Abgerufen am 12.04.2022.

Apian, Philipp: Bairische Landtafeln 1568, Landtafel 11. Bavarikon München. URL: https://www.bavarikon.de/object/bav:BSB-MAP-000000HBKSF15B11?lang=de. Abgerufen am 17.02.2022.

Bast, Eva-Maria; Thissen, Heike: Bamberger Geheimnisse. Überlingen 2015, S. 74-77.

Dies.: Bayreuther Geheimnisse. Überlingen 2018, S. 73-76.

Bavariathek (Haus der Bayerischen Geschichte): „Atlas zum Wiederaufbau, Straubing". URL: https://www.bavariathek.bayern/wiederaufbau/orte/detail/straubing/33. Abgerufen am 14.02.2022.

Bayerisches Landesamt für Denkmalpflege, Regierungsbezirk Niederbayern, Kreisfreie Stadt Straubing: Baudenkmäler. D-2-63-000-313, S. 11, Stand 26.03.2022. URL: https://geodaten.bayern.de/denkmal_static_data/externe_denkmalliste/pdf/denkmalliste_merge_263000.pdf. Abgerufen am 06.04.2022.

Ebd.: D-2-63-000-196, S. 32, Stand 30.04.2022. URL: https://geodaten.bayern.de/denkmal_static_data/externe_denkmalliste/pdf/denkmalliste_merge_263000.pdf. Abgerufen am 08.05.2022.

Bernges, Rüdiger: „Nutzbarkeit von Schießscharten in hochmittelalterlichen Burgen unter besonderer Berücksichtigung der Armbrust – Ergebnisse einer praktischen Studie". In: ARX 2/2010. Südtiroler Burgeninstitut 2010, S. 3-10.

Bistum Regensburg: Pfarrbücherverzeichnis 2015. URL: https://bistum-regensburg.de/fileadmin/Dateien/pdf/Bestandsuebersicht_Kunst-Kultur-Doezesanarchiv-Pfarrbuecherverzeichnis_2015.pdf. Abgerufen am 16.02.2022.

Buchner, Edmund: „Unter den nichtigen Dingen ist nichts nichtiger als der Mensch." In: Katholisches Pfarramt Ittling (Hrsg.): Ittlinger Pfarrillustrierte von 1998. Ittling 1998.

Bugl, Josef: Ortgeschichte von Straßkirchen: ein Heimatbuch. Straßkirchen 1986, S. 36-38.

Dubler, Anne-Marie: „Unehrliche Berufe". In: Historisches Lexikon der Schweiz (HLS), Version vom 25.01.2013. URL: https://hls-dhs-dss.ch/de/articles/025613/2013-01-25/. Abgerufen am 18.05.2022.

Eckhard, John; Widmaier, Tobias: Populäre und traditionelle Lieder. Historisch-kritisches Liederlexikon: Gott grüß dich, Bruder Straubinger. URL: http://www.liederlexikon.de/lieder/gott_gruess_dich_bruder_straubinger. Abgerufen am 06.04.2022.

Eldem, Edhem: „ Capitulations and Western trade. Western trade in the Ottoman Empire: questions, issues and sources". In: Faroqhi, Suraiya (Hrsg.): The Cambridge History of Turkey, Volume 3. Cambridge 2008, S. 283-335.

Emde, Joachim: Die Nebelwerfer. Entwicklung und Einsatz der Werfertruppe im Zweiten Weltkrieg. Friedberg 1979, S. 9, 17-19, 29.

Engel, Wolfgang: „Bäcker und Berufene". In: Straubinger Tagblatt vom 20.01.2022.

Erwert, Helmut: Die Stadt Straubing in schwerster Notzeit. Straubing 2016, S. 17f, 49-77.

Evershed, Richard P. et al.: „Earliest date for milk use in the Near East and southeastern Europe linked to cattle herding". In: Nature 455. London 2010, S. 528-531.

Fischer, Veronika: „Das Straubinger Ostkastell III b und sein Vorfeld". In: Henrich, Peter

(Hrsg.): Der Limes in Raetien, Ober- und Niedergermanien vom 1. bis 4. Jahrhundert. Beiträge zum Welterbe Limes, Band 8. 7. Kolloquium der Deutschen Limeskommission 24./25.09.2013 in Aalen. Darmstadt 2014, S. 91f, 96.

Förderverein für die Karmeliten in Straubing e.V.: Vorgeschichte. URL: https://www.foerderer-karmeliten-straubing.de/#vorgeschichte. Abgerufen am 06.04.2022.

Fouquet, Gerhard: „Weinkonsum in gehobenen städtischen Privathaushalten des Spätmittelalters". In: Matheus, Michael: Weinproduktion und Weinkonsum im Mittelalter. Geschichtliche Landeskunde, Band 51. Stuttgart 2004, S. 133-180.

Freundorfer, Wolfgang: „Straubing. Landgericht, Rentkastenamt und Stadt". In: Historischer Atlas von Bayern, Teil Altbayern, Heft 32. München 1974, S. 265-267.

Friedrich, Karl: Die Steinbearbeitung in ihrer Entwicklung vom 11. bis zum 18. Jahrhundert. Augsburg 1932, S. 13-22.

Fumian, Josef; Meggendorfer, Lothar: „Hans auf allen Schüsseln". In: Bruder Straubinger. Straubing 2002.

Fürst, Birgit: Bayerische Fabelwesen: Tatzelwurm, Wolpertinger und Wilder Mann. Zeit für Bayern, BAYERN 2. Sendung vom 13.12.2015.

Furtwängler, Adolf: „Gorgones". In: Roscher, Wilhelm H. (Hrsg.): Ausführliches Lexikon der griechischen und römischen Mythologie. Erster Band, zweite Abteilung. Leipzig 1886-1890, S. 1695-1727.

Gäubodenmuseum: Straubing und seine Bürger auf Gemälden des Gäubodenmuseums. Katalog Nr. 16. Straubing 1990, S. 80-83.

Goetz, Willi: 150 Jahre Bauernhilfsverein. Straßkirchen und Umgebung 1862-2012. Straubing 2012, S. 140f.

Gold, Johann; Hahn, Erwin; Schmid, Albert; Stecher, Karl: Kirchroth – Gemeinde zwischen Donau und Wald. Bogen/Furth 2018, S. 66-69, 151-154, 174, 184f.

Grimm, Jacob u. Wilhelm: Deutsches Wörterbuch. Digitalisierte Fassung im Wörterbuchnetz des Trier Center for Digital Humanities, Version 01/21, Bd. 30, Sp. 63: „Wildemann, m.". URL: https://woerterbuchnetz.de/?sigle=DWB#1. Abgerufen am 12.04.2022.

Ebd.: Bd. 14, Sp. 1163: „Rose, f.". URL: https://www.woerterbuchnetz.de/DWB?lemid=R07191. Abgerufen am 05.03.2022.

Gröber, Karl: Die Kunstdenkmäler von Bayern: vom elften bis zum Ende des achtzehnten Jahrhunderts. Die Kunstdenkmäler von Niederbayern, Band XII. München 1982, S. 25.

Gutskontor Eglsee: Milchwerk Straubing. URL: https://gut-eglsee.de/ehrenamt/milchwerk-straubing/. Abgerufen am 15.02.2022.

Härtel, Susanne: „Wie sich die Dinge präsentieren – Auf den Wegen jüdischer Grabsteine aus Regensburg". Frühmittelalterliche Studien, vol. 46, 2012. S. 485-512.

Harrer, Cornelia A.: „Das Herzogsschloss Straubing zur Zeit der Spätgotik". In: Historischer Verein für Straubing und Umgebung Hrsg. Jahresbericht des Historischen Vereins für Straubing und Umgebung, Band 92. (1990). Straubing 1991, S. 313-381.

Häußler, Theodor: Weinbau in Altbayern. Der Baierwein einst und heute. Norderstedt 2008, S. 15, 29f, 37f, 200-203, 346-354.

Heigl, Claudia: Heimatgeschichte Steinach: Die Steinkreuze bei Münster. URL: https://heimatgeschichte-steinach.de/gemeinde/flur-und-kleindenkmaeler/steinkreuze-muenster.html. Abgerufen am 11.04.2022.

Hemmauer, Aemilian: Historischer Entwurff Der im Jahr 1731 tausend-jährichen Obern Alten Aich. Straubing 1732, S. 402, 404.

Heydenreuter, Reinhard: Kriminalgeschichte Bayerns. Regensburg 2008, S. 39-42, 44, 78f, 128, 203f.

Historische Kommission bei der Bayerischen Akademie der Wissenschaften (Hrsg.): Neue deutsche Biografie / 23: Schinzel – Schwarz. Berlin 2007, S. 161f.

Hölscher, Tonio: Klassische Archäologie.

Grundwissen. Darmstadt 2006, S. 284, 286-289.

Huber, Alfons: „Die Pfarrer von St. Jakob in Straubing". In: Katholische Pfarrkirchenstiftung St. Jakob (Hrsg.): St. Jakob zu Straubing - Erhebung zur Basilika: Kirche und Pfarrei St. Jakob in Vergangenheit und Gegenwart. Festschrift anlässlich der Erhebung der Stadtpfarrkirche St. Jakobus und Tiburtius zur päpstlichen Basilika am 23. Juli 1989. Straubing 1989, S. 53f, 63.

Ders.: „Die schönste unter den Straubinger Hauskapellen". Zur Geschichte der Simon Höller-Kapelle im Gebäude des Straubinger Tagblatts. In: Zeitungsgruppe Straubinger Tagblatt/Landshuter Zeitung (Hrsg.): Cl. Attenkofer'sche Buch- und Kunstdruckerei von 1860 bis 2010. 150 Jahre Straubinger Tagblatt. Eine Chronik. Straubing 2010, S. 199-230.

Ders.: „Zeugnisse der Geschichte und des Glaubens". In: Katholische Kirchenstiftung St. Jakob (Hrsg.): Päpstliche Basilika und Stadtpfarrkirche St. Jakob in Straubing. Festschrift zur Innenrenovierung. Straubing 2016, S. 171.

Illi, Martin: „Scharfrichter". In: Historisches Lexikon der Schweiz (HLS), Version vom 01.09.2003. URL: https://hls-dhs-dss.ch/de/articles/016389/2003-09-01/. Abgerufen am 18.05.2022.

Jooss, Johannes: „Die Milchbar – Erfindung einer Rock 'n' Roll Institution". Rockabilly Rules. 20.05.2015. URL: https://www.rockabilly-rules.com/blog/die-milchbar/. Abgerufen am 22.02.2022.

Kast, Bernhard: Nebelwerfer. Video vom 17.03.2020, You-Tube Kanal Military History Visualized. URL: https://www.youtube.com/watch?v=Iez6JSb5ndw. Abgerufen am 06.04.2022.

Keim, Josef: „Der Straubinger Meister Erhart". In: Jahresbericht des Historischen Vereins für Straubing und Umgebung, Band 53 (1950). Straubing 1951, S. 55f.

Kiewisch, Susanne: „Weinbehandlung in mittelalterlichen Fachprosaschriften". In: Matheus, Michael: Weinproduktion und Weinkonsum im Mittelalter. Geschichtliche Landeskunde, Band 51. Stuttgart 2004, S. 73-82.

Kirchinger, Johann: Benefiziumskirche Hailing. Lindenberg 2014, S. 2, 14, 20f.

Krenn, Dorit-Maria: „Aber ich bin doch gerne dort – Teil 1 und 2". In: Straubinger Tagblatt vom 05.07.2008 und 12.07.2008.

Dies.: „Das Rathaus und seine Säle". In: Straubinger Tagblatt vom 31.03.2007.

Krenn, Dorit-Maria: Eine Chronik: 150 Jahre „Cl. Attenkofer'sche Buch- und Kunstdruckerei" und „Straubinger Tagblatt". In: Zeitungsgruppe Straubinger Tagblatt/ Landshuter Zeitung (Hrsg.): Cl. Attenkofer'sche Buch- und Kunstdruckerei von 1860 bis 2010. 150 Jahre Straubinger Tagblatt. Eine Chronik. Straubing 2010, S.19-21.

Dies.: „Erinnerung an ein ‚Herzstück'". In: Straubinger Tagblatt vom 03.12.2016.

Krenn, Dorit-Maria: Kleine Straubinger Stadtgeschichte. Regensburg 2012, S. 18-23, 26-28, 33f, 34, 36f., 38, 40, 49, 54, 55, 62f, 69-73.

Dies.: „Pollandsches Benefizium". In: Vorwort zum Repertorium. Stadtarchiv Straubing.

Krenn, Dorit-Maria: Straubinger! 23 kurze Porträts. Straubing 2007, 22f.

Dies.: „650 Jahre Bäckerbruderschaft". In: Straubinger Tagblatt vom 05.12.2020.

Krenn, Dorit-Maria: „650 Jahre Herzogsschloss – Teil 1 und 2". In: Straubinger Tagblatt vom 14.04.2006 und 19.04.2006.

Krenn, Dorit-Maria; Huber, Alfons: Straubing in Niederbayern. Der Stadtführer. Straubing 2016, S. 27, 33, 43f, 49, 75f, 80f, 81, 90, 94.

Krenn, Dorit-Maria; Krenn, Norbert: Die Geschichte der Straubinger Bäckerknechtsbruderschaft 1370-1995. Festschrift zum 625-jährigen Jubiläum. Straubing 1995, S.17f, 20, 23, 25, 35, 41-43, 63.

Krenn, Dorit-Maria; Wild, Joachim: „fürste in der ferne". Das Herzogtum Niederbayern-Straubing-Holland. Augsburg 2003.

Krönner, Josef: Krönner – Die Historie. URL: https://www.kroenner.de/historie/. Abgerufen am 26.02.2022.

Landskron, Gabi: „Zur Restaurierung der gefassten Ausstattung und der Gemälde“. In: Katholische Kirchenstiftung St. Jakob (Hrsg.): Päpstliche Basilika und Stadtpfarrkirche St. Jakob in Straubing. Festschrift zur Innenrenovierung. Straubing 2016, S. 99, 102.

Lange, Peter: Die Geschichte des Milchtransports. Brilon 2010, S. 7-15.

Lehner, Ulrich L.: Historia Magistra: zur Archivgeschichte des altbayerischen Kollegiatstiftes SS. Jakobus und Tiburtius in Straubing. Nordhausen 2003, S. 53, Fußnote 158.

Lehrberger, Gerhard; Schäfer Werner: „Straubing (Bayern)“. In: Schroeder, Johannes H. (Hrsg.): Steine in deutschen Städten II, Entdeckungsrouten in Architektur und Stadtgeschichte. Berlin 2013, S. 171-182.

Lehrberger, Gerhard; Schäfer, Werner; Krenn, Dorit-Maria: „Steine erzählen Straubinger Stadtgeschichte. Kulturgeologie wichtiger Bauten und Denkmäler in der historischen ‚Neustadt‘ von Straubing“. In: Jahresberichte und Mitteilungen des Oberrheinischen Geologischen Vereins, Neue Folge 99, Stuttgart 2017, S. 20, 28f, 35, 35f, 37, 41, 45, 51f.

Mader, Felix: Die Kunstdenkmäler von Bayern: vom elften bis zum Ende des achtzehnten Jahrhunderts. Die Kunstdenkmäler von Niederbayern, Band VI. München 1921, S. 345f.

Maier, Stefan: Das „Straubinger Tagblatt“ und sein Verlagsgebäude. In: Zeitungsgruppe Straubinger Tagblatt/Landshuter Zeitung (Hrsg.): Cl. Attenkofer'sche Buch- und Kunstdruckerei von 1860 bis 2010. 150 Jahre Straubinger Tagblatt. Eine Chronik. Straubing 2010, S. 177-197.

Manske, Dietrich-Jürgen: „Flüsse, Täler und ihr Bezug zur Altstraßen- und Siedlungsforschung, dargestellt an Beispielen aus Ostbayern.“ In: Greule, Albrecht; Janka, Wolfgang; Prinz, Michael (Hrsg.): Gewässernamen in Bayern und Österreich. 3. Kolloquium des Arbeitskreises für bayerisch-österreichische Namensforschung (Regensburg 27./28. Februar 2004). Regensburg 2005, S. 15, 22f, 27f.

Maresch, Walter; Schertl, Hans-Peter; Medenbach, Olaf: Gesteine: Systematik, Bestimmung, Entstehung. Stuttgart 2016, S. 7f, 42-44, 55-58, 63f.

Markl, Gregor: Minerale und Gesteine. Mineralogie – Petrologie – Geochemie. Berlin 2015, S. 3f, 16-18, 25f.

Mettener Armenbibel. Metten 1414/1415, S. 95r. Digitalisiert. URL: https://www.digitale-sammlungen.de/de/view/bsb00040329?page=193. Abgerufen am 18.05.2022.

Meyers Konversationslexikon, Band 15, Leipzig und Wien 1885-1892, S. 374ff.

Michal, Barbara: Museumsführer Kreismuseum Bogenberg. Bogen 2009, S. 24f, 28f, 37, 47, 50, 61-65, 68, 70-72, 74-76.

Moosbauer, Günther: „Straubing zwischen Spätantike und Frühmittelalter“. In: Archäologie in Deutschland. Juni/Juli 2015, Nummer 3. Darmstadt 2015, S. 32f.

Müller, Carl Theodor: Gedichte, Aufsätze und Lieder im Geiste Marc. Sturms von M*** C**.

Neueder, Hans: Der Bogenberg in Niederbayern. Straubing 2004, S. 17f, 28-31, 57f.

Ders.: „Stammen die bayerischen Rauten aus Böhmen?“ In: Neueder, Hans (Hrsg.): Bogener Bildergeschichten, Bd. 5. Bogen 2021, S. 132-134.

Poganietz, Walter: Vom Lebzelter zum Chocolatier. Die Handwerksgeschichte der bayerischen Konditorenfamilie Krönner seit 1759. München 2018, S. 13, 16, 19-21, 123, 165, 208, 210-212.

Prammer, Johannes: Der Schatzfund. Straubing 2018, S. 9f, 12f, 27f, 38f.

Regensburg, Andreas von: „Chronik von den Fürsten zu Bayern“, verfasst 1425/1428. In: Bayerische Akademie der Wissenschaften (Hrsg.): Repertorium Fontium 2, 234. S. 47v. URL: https://digi.ub.uni-heidelberg.de/diglit/cpg94/0005. Abgerufen am 26.02.2022.

Reichhart, Rudolf; Neueder, Hans: Heimatbuch der Stadt Bogen. Bogen 1982, S. 235f.

Reidel, Hermann: „St. Jakob zu Straubing – Päpstliche Basilika". In: Katholische Pfarrkirchenstiftung St. Jakob (Hrsg.): St. Jakob zu Straubing - Erhebung zur Basilika: Kirche und Pfarrei St. Jakob in Vergangenheit und Gegenwart. Festschrift anlässlich der Erhebung der Stadtpfarrkirche St. Jakobus und Tiburtius zur päpstlichen Basilika am 23. Juli 1989. Straubing 1989, S. 34.

Richter, Otto: „Über antike Steinmetzzeichen". 45. Programm zum Winckelmannsfeste der archäologischen Gesellschaft zu Berlin. Berlin 1885, S. 1-5.

Rohrmayr, Hanns: Häusergeschichte der Stadt Straubing. Straubing 1961, S. 14f, 18-21, 32f, 35-37, 53, 55-57, 59-61, 95f, 119, 159f, 238-244.

Roscher, Wilhelm Heinrich: Ausführliches Lexikon der griechischen und römischen Mythologie. Erster Band. Leipzig 1884-1890, S. 149f.

Röttger, Bernhard H.: Die Kunstdenkmäler von Bayern. Die Kunstdenkmäler von Niederbayern, Bd. XX: Bezirksamt Bogen. München 1929, S. 268f.

Schäfer, Werner: Kunstgeschichte der Stadt Straubing. Straubing 2014, S. 36-41, 43f, 129f, 133.

Ders.: Kunstgeschichte der Stadt Straubing. 19. und 20. Jahrhundert. Straubing 2021, S. 13, 123f.

Scharrer, Guido: „Der Alte Schlachthof in Straubing". In: Jahresbericht der Historischen Vereins für Straubing und Umgebung Band 114 (2012), Straubing 2013, S. 253-308.

Ders.: „Mit Recht ein Kunstwerk ersten Ranges". In: Historischer Verein für Straubing und Umgebung, Jahresbericht 121/2019, Straubing 2020, S. 251-272.

Der.: „Schreie, Schläge und Schüsse am Hagen". In: Straubinger Tagblatt vom 23.04.2015.

Ders.: Synagoge und jüdisches Leben in Straubing. Geschichte und Gegenwart. Straubing 2019, S. 4-7, 23-25.

Ders.: „Gegen das Vergessen und Verdrängen". In: Straubinger Tagblatt vom 23.04.2020.

Ders.: „Halb Straubing versank in Schutt und Asche". In: Straubinger Tagblatt vom 13.09.1980.

Schels, Evelyn: Mein Straubing nimmt mir keiner. Lebenslinien. BR Fernsehen, 18.10.2021. URL: https://www.ardmediathek.de/video/lebenslinien/mein-straubing-nimmt-mir-keiner/br-fernsehen/Y3JpZDovL2JyLmRlL3ZpZGVvLzA3Zjg2ZjVlLTE5ZTctNGYyZS1iZTYzLWQ0ZmI5ZGQ1YWJjYg. Abgerufen am 07.04.2022.

Schindler, Josef: Im Kaff und am Huma. Straubing 2019, S. 128-131, 189.

Schmelzing, Wilhelm H. von: „Das ‚miraculum' einer doppelten Siebenlingsgeburt im Mittelalter". In: Blätter des Bayerischen Landesvereins für Familienkunde 5 (1936), S. 65-69.

Schmid, Diethard: Historischer Atlas von Bayern. Teil Altbayern, Heft 41: Regensburg I. München 1976, S. 191-193, 280.

Schmidt, Isolde: Ein vergessenes Stück Straubing? Der Straubinger Petersfriedhof und seine Grabdenkmäler. Straubing 1991, S. 13-15, 24-27, 41-43, 49, 76, 128, 136.

Schmidt, Willibald: Festschrift zur 325-Jahr-Feier des Humanistischen Gymnasiums Straubing. Straubing 1956, S. 7f.

Schottner, Alfred: Die „Ordnungen" der mittelalterlichen Dombauhütten. Münster/ Hamburg 1994, S. 59f.

Stadtarchiv Straubing: Rohrmayr, Hanns: Häusergeschichte, Skript Nr. 328; Hausakt Ludwigsplatz 1; Adreß-Buch für die k. b. Stadt Straubing 1901. Straubing 1901, S. 161.

Ebd.: Steuerbücher; Adressbücher; Rohrmayr, Hanns: Häusergeschichte der Stadt Straubing Skript Nr. 338.

Stadt Straubing: „Geschichtsweg: Stadtbefestigung". URL: https://www.straubing.de/entdecken-erleben/wissens--und-

sehenswertes/geschichtsweg/2953.
Stadtbefestigung.html. Abgerufen am 14.02.2022.

Stecher, Karl: „Vor über 1000 Jahren unterwegs ins Chamer Becken. Bedeutende Fernhandelsstraße querte beim Lenachhof die Donau - Eine Spurensuche, Teil Eins und Zwei". In: Straubinger Tagblatt vom 10.05.2018 und 15.05.2018.

Van Uytven, Raymond: „Der Geschmack am Wein im Mittelalter". In: Matheus, Michael: Weinproduktion und Weinkonsum im Mittelalter. Geschichtliche Landeskunde Band 51. Stuttgart 2004, S. 119-132.

Vielheuer, Christoph: Gründliche Beschreibung fremder Materialien und Specereyen. Leipzig 1676, S. 197.

Volkert, Wilhelm: „Die Wappenabzeichen des Landes Bayern". Zeitschrift für Bayerische Landesgeschichte Nr. 44, 1981. München 1981, S. 679-681, 684, 691f.

Wellenhofer, Michael: Die Ortsgeschichte und Hofgeschichte von Alburg. Straubing 1977, S. 70, 72.

Westenrieder, Lorenz von: Historischer Calender. München 1801, S. 213-215.

Wikipedia: „Drache (Mythologie)". URL: https://de.wikipedia.org/wiki/Drache_(Mythologie). Abgerufen am 05.03.2022.

Ebd.: „Julianischer Kalender". URL: https://de.wikipedia.org/wiki/Julianischer_Kalender. Abgerufen am 16.02.2022.

Ebd.: „Nebeltruppe". URL: https://de.wikipedia.org/wiki/Nebeltruppe. Abgerufen am 06.04.2022.

Ebd.: „Venezianisches Fenster". URL: https://de.wikipedia.org/wiki/Venezianisches_Fenster. Abgerufen am 06.04.2022.

Wolf, Martin: Henker, Scharfrichter und Wasenmeister in Straubing. Straubinger Hefte 63. Straubing 2013, S. 7-9, 37, 44f, 48f, 52, 75.

Wollschläger, Eva M.: Pompeji in Straubing. Zwischen Spessart und Karwendel. Bayerischer Rundfunk, 27.02.2021. URL: https://www.ardmediathek.de/video/zwischen-spessart-und-karwendel/pompeji-in-straubing/br-fernsehen/Y3JpZDovL2JyLmRlL3ZpZGVvLzE3MzczNjYxLWMyNDItNDdlZS04ZTNiLTkwNWJjNGU3YTAwZA. Abgerufen am 18.02.2022.

Zollner, Peter: Straubinger Philatelistische Schriften, Heft 5. Straubing o. J., S. 7f.

Bildnachweis

Porträt, S. 7: Barbara Rötzer

Bild, S. 24: Ulrich Scharrer

Bild, S. 44: Claudia Karl-Fischer

Bild, S. 61: Pfarrei St. Jakob

Bild, S. 98: Claudia Karl-Fischer

Bild, S. 136: Hermann und Beate Piendl

Bild, S. 139: Dorit-Maria Krenn

SIE WOLLEN NOCH MEHR ÜBER

Straubing

WISSEN?

Hier gibt es sachkundige Informationen:

Förderverein für die Karmeliten in Straubing
Ludwigsplatz 32
94315 Straubing
E-Mail: kontakt@foerderer-karmeliten-straubing.de
Homepage:
www.foerderer-karmeliten-straubing.de

Gäubodenmuseum
Fraunhoferstraße 23
94315 Straubing
Telefon: 09421 / 944 63210
E-Mail:
gaeubodenmuseum@straubing.de
Homepage: www.gaeubodenmuseum.de

Birgit Gigler, Kulturkuratorin
Führungen zu verschiedenen Epochen im Gäubodenmuseum: u.a. „Mit Leib und Seele zu den Römern". Themen und Termine nach persönlicher Vereinbarung.
Telefon: 09428 / 1555
E-Mail: kultur@bgigler.de

Johann Gold
Führungen/ Vorträge zur Geschichte der Gemeinde Kirchroth nach Vereinbarung.
Straubinger Straße 54, Kößnach
94356 Kirchroth
Telefon: 09428 / 658
E-Mail: johann.gold@web.de

Israelitische Kultusgemeinde Straubing/ Niederbayern K.d.ö.R.
Führungen durch die Synagoge
Wittelsbacherstr. 11
94315 Straubing
Telefon: 09421 / 1387
E-Mail: ikg-straubing@t-online.de
Homepage: www.ikg-straubing.de

Karmeliten Brauerei
Traditionelle mittelalterliche Braukunst, die sich mit modernster Brautechnologie im High-End Bereich verbindet. Vom kleinen Gerstenkorn bis zum vollendeten Bier wird das Geheimnis des Bieres erlebbar.
Sennefelderstraße 21
94315 Straubing
Telefon: 09421 / 78190
E-Mail: info@karmeliten-brauerei.de
Homepage: www.karmeliten-brauerei.de
Öffnungszeigen: nach Vereinbarung

Kath. Pfarramt St. Johannes, Ittling
Kirchenführungen nach telefonischer Vereinbarung möglich.
Ledererstraße 11
94315 Straubing
Telefon: 09421 / 71159
E-Mail: ittling@bistum-regensburg.de
Homepage: www.pfarrei-ittling.de
Öffnungszeiten des Pfarrbüros: Mo.-Fr. 8-12 Uhr

Kreismuseum Bogenberg
Führungen im Museum und am Berggipfel, für Gruppen ab 10 Personen auch außerhalb der Öffnungszeiten nach Voranmeldung; Audioguide, Geocache, Workshops, spezifische Angebote für Schul- und Kindergartenkinder, Familien, interessierte Erwachsene und Senioren.
Bogenberg 12
94327 Bogen
Telefon: 0160 / 97215810
E-Mail: kreismuseum@landkreis-straubing-bogen.de
Homepage: www.landkreis-straubing-bogen.de, Stichwort Kreismuseum
Ostern bis Allerheiligen: Mi.-Fr. 14-17 Uhr; Sa.-So., Feiertag 12-17 Uhr

Johannes Ruscheinsky
Dipl. Ing. (FH) Architekt
Gästeführer der Stadt Straubing seit 1989
Erlebnistouren „History in 3D“
Stadtturm Straubing
UNESCO Welterbe Donaulimes.
Eulenweg 2
94369 Rain
Telefon: 09429 / 9499732
Mobil: 0171 / 7787011
E-Mail: info@straubing-tours.com
Homepage: www.straubing-tours.de

Josef Schindler
Lesungen, Vorträge, literarische Wanderungen im Rahmen von „Kultur in Wörth“
Veranstalter Wörth an der Donau
Rathausplatz 1
93086 Wörth an der Donau
Telefon: 09482 / 94030
Homepage: https://k-i-w.de/programmuebersicht.html

Stadtarchiv Straubing
Auskünfte zur Stadtgeschichte erteilt das Stadtarchiv Straubing
Salzstadel
Rentamtsberg 1
94315 Straubing
Telefon: 09421 / 991951
E-Mail: stadtarchiv@straubing.de
Homepage: www.straubing.de

Karl-Friedrich Stecher
Information über überregionale Altwege um und durch den Landkreis Straubing-Bogen nach Absprache.
Feuerhausstr. 4
94356 Kirchroth
Telefon: 09428 / 469
E-Mail: karl-friedrich-stecher@gmx.de

Michael Wallner
Mit Festus in die Römerzeit / In voller Montur erwartet der römische Soldat Festus seine Gäste an der Kasse des Gäubodenmuseums, um ihnen das Leben der römischen Soldaten im antiken Sorviodurum anhand seiner Ausrüstung und ausgestellten Originalen, näher zu bringen.
Führungen nur nach Anfrage für Gruppen bis zu 15 Personen.
Telefon: 0171 / 8111772
E-Mail: wallner-michael@web.de

Zimmer mit Aussicht
Pforte und Laden des Fördervereins für die Karmeliten in Straubing, Albrechtsgasse 35, montags bis freitags geöffnet von 9.30 bis 11 Uhr. Eingang direkt neben dem Hauptportal der Kirche, ganzjährig mit wechselnden Szenen bestückt.
Albrechtsgasse 35
Öffnungszeiten: Mo.-Fr. 9.30-11 Uhr

Publikationen:

Lehrberger, Gerhard; Sonnenwald, Margreta (Hrsg.): Glanz und bunte Vielfalt. Kulturgeologie der Dekorgesteine barocker Schlösser und Kirchen in Westböhmen und Oberfranken. München 2021.

Huber, Alfons; Krenn, Dorit-Maria: Straubing in Niederbayern. Der Stadtführer, Straubing 2. akt. Auflage 2016.

Krenn, Dorit-Maria: Straubinger! 23 kurze Porträts, Straubing 2007.

Krenn, Dorit-Maria: Straubing. Kleine Stadtgeschichte, Regensburg 2. akt. Auflage 2019.

Michal, Barbara: Museumsführer Kreismuseum Bogenberg. Bogen 2009.

Schäfer, Werner; Bernhard, Manfred: Kunstgeschichte der Stadt Straubing. 19. und 20. Jahrhundert. Straubing 2021.

Haftungsausschluss

Trotz intensiven Austauschs mit unseren Gesprächspartnern, gewissenhafter Literaturrecherche und aufmerksamem Korrekturlesen erheben wir weder einen Anspruch auf Vollständigkeit noch auf Fehlerlosigkeit. Wir haben streng darauf geachtet, keine Urheberrechte zu verletzen, unsere Recherchen sind nach bestem Wissen und Gewissen erfolgt. Dennoch übernehmen wir keinerlei Gewähr für die Aktualität, Korrektheit oder Vollständigkeit der bereitgestellten Informationen. Haftungsansprüche gegen uns schließen wir grundsätzlich aus.